reinhardt

Andreas Langosch

Ressourcenorientierte Beratung und Therapie

Mit 27 Arbeitsblättern auf CD-ROM

Ernst Reinhardt Verlag München Basel

Andreas Langosch, Dänischenhagen bei Kiel, war als Diplom-Sozialpädagoge und Sozialtherapeut in unterschiedlichsten Bereichen der Sozialen Arbeit tätig und hat sich auf die Aus- und Weiterbildung für ressourcenorientierte Gesprächsführung spezialisiert.

Bibliografische Information der Deutschen Nationalbibliothek

Die Deutsche Nationalbibliothek verzeichnet diese Publikation in der Deutschen Nationalbibliografie; detaillierte bibliografische Daten sind im Internet über <http://dnb.d-nb.de> abrufbar.
ISBN 978-3-497-02513-8 (Print)
ISBN 978-3-497-60230-8 (E-Book)

Printed in Germany
Covermotiv: © tinadefortunata / Fotolia.com
Satz: JÖRG KALIES – Satz, Layout, Grafik & Druck, Unterumbach

Ernst Reinhardt Verlag, Kemnatenstr. 46, D-80639 München
Net: www.reinhardt-verlag.de E-Mail: info@reinhardt-verlag.de

Inhalt

Vorwort

Für Sandra und Jasper.

Durch Euch strahlt die Sonne heller,
leuchtet der Mond fröhlicher
und funkeln die Sterne lebendiger.

Falls Sie sich für die Entstehung dieses Buches und seinen Autor interessieren, hier ein paar Informationen dazu:

Ich heiße Andreas Langosch und bin 1968 geboren. Beruflich bin ich gelernter Verlagskaufmann, Diplom-Sozialpädagoge (FH) mit staatlicher Anerkennung und Sozialtherapeut für die Arbeit mit chronisch mehrfachbeeinträchtigten abhängigen Menschen.

Während meines Sozialwesen-Studiums an der Fachhochschule Kiel begann ich, mich intensiv für die Operationalisierung von Zielen in der Sozialen Arbeit und für Methoden zur Erreichung dieser Ziele zu interessieren, was schließlich 1997 in das Thema meiner Diplomarbeit mündete: „Das Neurolinguistische Programmieren (NLP) in der Drogenberatung mit Alkoholikern – Möglichkeiten, Grenzen und Risiken"(Langosch 1997).

Im Oktober 2004 schloss ich die 2½-jährige berufsbegleitende sozialtherapeutische Zusatzausbildung „Ressourcenorientierte Arbeit mit mehrfachbeeinträchtigten abhängigen Menschen im regionalen Verbund" der v. Bodelschwinghschen Anstalten Bethel und des Gesamtverbandes für Suchtkrankenhilfe (GVS) ab. Auch hierbei lag einer meiner Schwerpunkte auf methodischen Fragen; so lautete der Titel des von mir im Rahmen dieser Zusatzausbildung durchgeführten und dokumentierten Projekts: „Der Einsatz lösungsfokussierter Skalierungsfragen für die Operationalisierung von Zielen in der Hilfeplanung".

Die sozialtherapeutische Zusatzausbildung und meine tägliche Arbeit im sozialen Bereich vertieften unter anderem mein Interesse und meine Kenntnisse bezüglich der Methodik des lösungsfokussierten Ansatzes, der Motivierenden Gesprächsführung und des Case Managements. Aus dem Wunsch, grundlegende Handlungselemente dieser Methoden für mich selbst schriftlich zusammenfassen, entstand schließlich die Idee zu diesem Buch. Die Resilienz (Widerstandsfähigkeit) gesellte sich dann aufgrund meines bereits seit langem bestehenden eher privaten Interesses an diesem

Thema dazu. Resilienz und Resilienzforschung hatten mich schon lange fasziniert. Mein Interesse daran war geweckt und vertieft worden durch Bücher wie zum Beispiel „Das wiedergefundene Licht" von Jacques Lusseyran (2002) und „The Survivor Personality" von Al Siebert (1996).

Das Ihnen hier vorliegende Buch schließt eine Lücke in der Literatur zum ressourcenorientierten Ansatz, indem es die o.g. Methoden und Fachgebiete zusammenführt und dabei grundlegende Handlungselemente des ressourcenorientierten Arbeitens systematisch anwendbar und trainierbar macht. Die ursprüngliche, damals noch wesentlich kürzere Version dieses Buches erschien 2005 im Selbstverlag Andreas Langosch unter dem Titel „Ressourcen, Stärken, Möglichkeiten"(Langosch 2005). Die Ihnen hier vorliegende Ausgabe ist nun deutlich überarbeitet, erweitert und aktualisiert.

Aus der langjährigen Anwendung der in diesem Buch beschriebenen Ideen hat sich inzwischen eine eigenständige Methode entwickelt: Resource-Oriented Interviewing (Langosch 2013). Bei dieser besonderen Form der Ressourcenorientierten Gesprächsführung stehen vier Fragen im Mittelpunkt, welche gleichzeitig die Leitlinien durch das gesamte Vorgehen bilden:

"1. Wie fördere ich Ressourcen, Stärken und Fähigkeiten?
2. Wie verringere oder beseitige ich Defizite?
3. Wie hinterfrage ich Ziele auf möglichst konstruktive und respektvolle Art und Weise?
4. Wie hinterfrage ich Mittel und Wege auf möglichst konstruktive und respektvolle Art und Weise?" (Langosch 2012, 5).

Dies sind gleichzeitig auch die Leitfragen dieses Buches und sie sollten beim Erarbeiten der Inhalte und des Vorgehens stets mitgedacht werden. Zum Abschluss nun noch drei Hinweise, die mir besonders am Herzen liegen:

- Nicht jedes Problem oder jede Schwierigkeit bedarf einer Lösung. Manchmal kann es besser sein, die Suche nach einer Lösung aufzugeben oder sie erst gar nicht zu beginnen.
- Nicht jedes Problem oder jede Schwierigkeit bedarf einer bewussten Lösung. Manchmal kann es besser sein, eine bewusste Lösung aufzugeben oder für einige Tage aufzuschieben. (Libet 2005, 127ff.)
- Probleme gibt es immer, darauf ist Verlass!

Ich würde mich freuen, wenn Sie diese drei Hinweise bei der Arbeit mit diesem Buch im Hinterkopf behalten könnten. In diesem Sinne: Viel Freude und Erfolg beim Erarbeiten der hier behandelten Themen!

Dänischenhagen, August 2015 Andreas Langosch

1 Einführung

1.1 Ziel dieses Buches – oder: Willkommen auf dem Planet der Ressourcen, Stärken und Möglichkeiten!

Dieses Buch soll keine vorhersagbaren Ergebnisse produzieren, sondern anregen: Zum Experimentieren, zum Erforschen, zum Gespräch. Am besten zum Gespräch mit anderen Personen über Möglichkeiten, Stärken und Ressourcen. Aber auch, wenn es lediglich das innere Selbstgespräch zu diesen Themen fördert, hat es sein Ziel schon erreicht.

Darüber hinaus möchte dieses Buch Sie und Ihre Klienten vertrauter machen mit grundlegenden Ideen und Vorgehensweisen auf dem weiten Gebiet des ressourcenorientierten Arbeitens. Inspiriert wurde es vor allem durch folgende Fachgebiete: Lösungsfokussierte Kurztherapie, Resilienzforschung, Motivierende Gesprächsführung (Motivational Interviewing) und Case Management. Grundlegende Gedanken zu jedem dieser Gebiete werden in den Kapiteln 2.1 bis 2.4 erläutert. Im Rahmen dieses Buches erfüllen die hier dargestellten Methoden und Fachgebiete vor allem folgende Funktionen:

- Die **lösungsfokussierte Kurztherapie** und der **lösungsfokussierte Ansatz** zeigen Ihnen einen pragmatischen Weg zu individuellen, funktionierenden Lösungen, mit denen Sie sofort mit dem ressourcenorientierten Arbeiten beginnen können.
- Die **Resilienzforschung** zeigt Ihnen, wonach Sie inhaltlich suchen müssen, wenn Sie selbst bei persönlichen Problemen Hilfe und Unterstützung benötigen oder anderen Menschen beim Finden der passenden Ressourcen helfen möchten.
- Die **Motivierende Gesprächsführung** (Motivational Interviewing) und das **Modell der Phasen der Veränderung** machen deutlich, welches Vorgehen bei welchen Motivationslagen sinnvoll, geeignet und Erfolg versprechend ist.

- Das **Case Management** systematisiert den Hilfeablauf und hilft Ihnen dabei, den Blick auf das Umfeld zu erweitern und dadurch weitere Ressourcen zu erschließen.

Das Durcharbeiten der 25 Arbeitsbögen und der beiden Auswertungsbögen ermöglicht Ihnen, sich auf praktische Weise mit typischen Fragestellungen und methodischen Grundelementen der genannten Fachgebiete und ihren Anwendungsmöglichkeiten vertraut zu machen. Dieses Buch kann und soll dabei lediglich einen ersten kleinen Einstieg bieten. Das tiefer gehende Erfassen der dargestellten Methoden ist ein jahrelanger Prozess, der viel Praxis erfordert.

1.2 Für wen ist dieses Buch geeignet und was kann man damit machen?

Psychotherapeuten, Sozialtherapeuten, Ergotherapeuten:

- Hilfe bei der Therapieplanung
- Einzel- und Gruppengespräche
- Hausaufgaben für Klienten zwischen den Sitzungen
- Hilfe bei der Verlaufsbeobachtung und Evaluation des Therapieprozesses

Sozialpädagogen, Sozialarbeiter, Erzieher, Berater, Coaches, Pflegepersonal:

- Hilfe bei der Förderplanung
- Einzel- und Gruppengespräche
- Hilfe bei der Verlaufsbeobachtung und Evaluation des Beratungs-, Coaching- und Hilfeprozesses

Klienten in Beratung und Therapie:

- Erweiterung, Vertiefung und Beschleunigung des Beratungs-, Coaching-, Therapie- und Supervisionsprozesses

Case Manager/Fallmanager, gesetzliche Betreuer:

- Hilfe bei der Förderplanung
- Erweiterung des eigenen ressourcenorientierten Methodenspektrums
- Hilfe bei der Verlaufsbeobachtung und Evaluation des Hilfeprozesses

Studenten:

- Vertraut werden mit grundlegenden Ideen und Handlungselementen des ressourcenorientierten Arbeitens

Interessierte Laien:

- Selbsthilfe
- Freunden und Angehörigen helfen
- Planung und Weiterentwicklung persönlicher Lebensziele

1.3 Selbständiges Erarbeiten oder Arbeit mit Klienten?

Die Kapitel 3 bis 6 und die darin enthaltenen Arbeitsbögen bilden das Kernstück dieses Buches. Sie bauen aufeinander auf und sollten daher beim selbständigen Erarbeiten zum Verstehen der darin enthaltenen Methodik am besten in der vorgegebenen Reihenfolge durchgearbeitet werden.

In der Arbeit mit Klienten sollte bezüglich der Auswahl und Reihenfolge der Arbeitsbögen jedoch eine andere Priorität gesetzt werden: Die Auswahl des jeweiligen Arbeitsbogens sollte sich hierbei nach den Bedürfnissen und Vorstellungen des Klienten bezüglich der anstehenden Veränderungen richten! Die Berücksichtigung der Änderungstheorie des Klienten ist im ressourcenorientierten Arbeiten im Besonderen, aber auch in Beratung und Therapie im Allgemeinen von zentraler Bedeutung für den Erfolg (Duncan et al. 1998; Hubble et al. 2001; Duncan/Miller 2003, 123ff.; 2005; Duncan et al. 2004, 119ff. Duncan 2005, 87ff.).

Während in den Kapiteln 3 und 4 Ressourcen aus der Vergangenheit erforscht werden, geht es in den Kapiteln 5 und 6 um die Entwicklung und Verwirklichung von Perspektiven und Möglichkeiten für die Zukunft.

Steht das Erlernen der methodischen Grundelemente im Vordergrund (und nicht die konkrete Hilfe für einen Klienten), dann können die Module der Kapitel 3 bis 6 auch wie ein Workshop oder Seminar betrachtet und erarbeitet werden. Pro Modul sollte dabei etwa ein Seminartag eingeplant werden.

Jedes Modul enthält eine kurze Vorstellungsübung zur Einführung in das jeweilige Thema und ergänzende Hinweise zur Erarbeitung der Arbeitsbögen. Die Vorstellungsübungen sind angelehnt an Ideen der narrativen Therapie (Grossmann 2000). Jedem Arbeitsbogen ist zudem eine kurze Einweisung vorangestellt, die vor der Erarbeitung des Bogens gelesen und dem Klienten zur Verfügung gestellt werden sollte. Insbesondere bei Unklarheiten über Sinn und Zweck des Arbeitsbogens sollte die Einweisung kurz durchgegangen werden.

Die Erarbeitungszeit sollte pro Arbeitsbogen mindestens 20 Minuten betragen, da es erfahrungsgemäß meistens etwas Zeit braucht, um sich in das Thema des jeweiligen Bogens hineinzufinden. Gelegentlich kann es von Nutzen sein, verschiedene Arbeitsbögen miteinander zu kombinieren.

In der Arbeit mit Klienten hat es sich als sinnvoll erwiesen, an die Erarbeitung des Bogens ein mindestens genauso langes Gespräch unmittelbar anzuschließen.

Gesprächsleiter und Klienten finden in Kapitel 7 jeweils einen Auswertungsbogen, der das ressourcenorientierte Arbeiten mit den 25 Arbeitsbögen strukturieren und erleichtern kann. Die Auswertungsbögen sollten am besten unmittelbar nach dem Gespräch ausgefüllt werden.
Alle Arbeits- und Auswertungsbögen, sowie die dazugehörenden Einweisungen befinden sich auch als PDF-bzw. WORD-Dateien auf der beiliegenden CD-ROM und können ausgedruckt werden. Die CD-ROM finden Sie im hinteren Buchdeckel und nähere Angaben hierzu im Anhang.

1.4 Wie Sie sich den Inhalt dieses Buches erarbeiten können

Hierbei gibt es – der Titel dieses Buches lässt es möglicherweise bereits vermuten – verschiedene Möglichkeiten, wie zum Beispiel:

1. Das Buch von vorne bis hinten, sozusagen von A bis Z, durcharbeiten: Dies ist wahrscheinlich die beste Methode, um sicherzustellen, dass Ihnen vom Inhalt nichts entgeht.
2. Von einem persönlichen Anliegen ausgehen, an der dazu passenden Stelle ins Buch einsteigen und sich anhand der Querverweise weiterhangeln: Dieses Vorgehen könnte man auch als klienten- oder leserzentrierte Methode bezeichnen. Bei dringenden persönlichen Anliegen ist sie sicherlich die geeignetste.

3. Weitere Möglichkeiten, wie: nach den Methoden und Fachgebieten geordnet vorgehen; nach Lust und Laune vorgehen; Zufallselemente ins Spiel bringen (z.B. den zu bearbeitenden Arbeitsbogen auswürfeln); verschiedene Vorgehensweisen miteinander kombinieren; verschiedene eigene Vorgehensweisen entwickeln …

2 Grundlagen des ressourcenorientierten Arbeitens

Ressourcenorientierung, Nützlichkeit und Zieldienlichkeit: Unter dem Begriff Ressource sei hier der Einfachheit halber alles verstanden, was jemandem nützt, hilft und Unterstützung bietet oder helfen, nützen und Unterstützung bieten könnte. Es geht bei der Ressourcenorientierung also um Nützlichkeit. Nützlichkeit wiederum impliziert ein Ziel oder mehrere Ziele (Nützlich wofür? Nützlich in Bezug auf was?). Somit meint Ressourcenorientierung oft Zieldienlichkeit, besonders in Kontexten, in denen es um Hilfe-, Förder- oder Therapieplanung geht, in denen Hilfeplan-, Förderplan- oder Therapieziele festgelegt werden müssen. Es geht dabei häufig um Fragen wie zum Beispiel:

- Was kann im Moment am besten dabei helfen, das Ziel zu erreichen?
- Was ist zieldienlich? Was dient dem Erreichen des Ziels?
- Dient Ihr Verhalten im Moment Ihren Zielen? Wenn ja, wie können Sie mehr davon tun? Wenn nein, was können Sie anders machen?

Wenn Sie mit Klienten über Ressourcen, Ressourcenorientierung, Hilfe und Nützlichkeit sprechen, verwenden Sie lieber Wörter wie „Ziele“ und „Zieldienlichkeit“. Zieldienlichkeit ist oft nützlicher, hilfreicher, ressourcenorientierter und – man höre und staune – zieldienlicher als Nützlichkeit und Ressourcenorientierung, auch wenn alle diese Begriffe in manchen Kontexten oft fast das gleiche meinen.

Gleichzeitig bedeutet Ressourcenorientierung, erst einmal hier und jetzt mit dem zu beginnen, was bereits da ist. Trotz aller impliziter Zielgerichtetheit ist sie daher auch immer gegenwartsorientiert und erzieht zu einer gewissen Bodenständigkeit.

Ressourcenorientierung ist inzwischen zu einem Modebegriff in psychosozialen Arbeitsfeldern geworden. Gerade deshalb verlangen die auf sie gestützten Methoden in ihrer Anwendung eine kritische Einstellung und einen ethisch vertretbaren Rahmen. Dieser Rahmen soll hier in Bezug auf die Verwendung dieses Buches kurz skizziert werden.

Üben, üben, üben – aber nicht übertreiben! Die effiziente Anwendung der in diesem Buch dargestellten Methoden bedarf sowohl eines intensiven Trainings, als auch kritischer (Selbst-)Reflektion. Beides braucht viel Praxis. Es wird daher empfohlen, sich mit Hilfe der angegebenen Literatur intensiv mit den Methoden und ihrem theoretischen Hintergrund zu befassen, das eigene Handeln immer wieder kritisch zu hinterfragen und die Anwendung der Methoden immer wieder intensiv zu trainieren.

Übertreiben Sie es jedoch nicht, denn gemäß dem Pareto-Prinzip (Koch 2004) gilt für Ihr Interesse an diesem Buch höchstwahrscheinlich, dass sich etwa 80% des für Sie zur Zeit relevanten Inhalts auf etwa 20% der Seiten dieses Buches befinden. Beginnen Sie also am besten damit, den Inhalt kurz zu überfliegen und dann die 20% davon zu lesen, die Sie spontan am meisten interessieren. Sie können auch mit den 5Arbeitsbögen beginnen, die Ihnen beim ersten Betrachten am besten gefallen und sich dann mit Hilfe der Querverweise weiter durch das Buch arbeiten. Auf diese Weise können Sie Ihr Interesse für den Inhalt dieses Buches äußerst effizient und ressourcenorientiert nutzen.

Bewahren Sie Methodendistanz! Bei jeder intensiv trainierten und oft und gerne angewandten Methode besteht die Gefahr, dass sich der Praktiker zu sehr in sie verliebt und dadurch seine Methodendistanz verliert, was dann leicht zu mechanistischer, unreflektierter und verantwortungsloser Praxis führen kann. Um dieser Gefahr vorzubeugen, sollten bei der Verwendung dieses Buches in der Arbeit mit Klienten folgende Grundsätze berücksichtigt werden:

Methodendistanz: Grundsätze

- Richten Sie als Gesprächsleiter die Auswahl des Arbeitsbogens und das Gespräch an den Bedürfnissen und Vorstellungen des Klienten bezüglich der anstehenden Veränderungen aus (und nicht an Ihren eigenen Bedürfnissen und Vorstellungen oder den Prämissen der von Ihnen favorisierten Methode, es sei denn, sie entsprechen denen des Klienten)!
- Sorgen Sie dafür, dass Sie verlässliches Feedback vom Klienten bekommen über seine Einschätzung der Arbeitsbeziehung, der Gesprächsatmosphäre, der Vorgehensweise und der Ergebnisse der Arbeit!
- Lenken Sie Ihre eigene Aufmerksamkeit und die des Klienten immer wieder auf nützliche Veränderungen, die bereits geschehen sind oder noch geschehen könnten!

- Lenken Sie Ihre Aufmerksamkeit und die des Klienten immer wieder auf die Frage, wie bereits geschehene nützliche Veränderungen für die Zukunft genutzt werden könnten und welche Ressourcen aus der Welt des Klienten (interne und externe Ressourcen) dabei hilfreich sein könnten!

Diese Leitlinien zur Arbeit mit Klienten sind gleichzeitig grundlegende Prämissen dieses Buches. Sie stammen aus Ergebnissen der Psychotherapie-Forschung, die von Duncan, Hubble, Miller und Sparks zusammengefasst wurden und hier für den Zweck dieses Buches etwas modifiziert wiedergegeben sind (Duncan et al. 1998; Hubble et al. 2001; Duncan/Miller 2003, 123ff.; 2005; Duncan et al. 2004).Die hier beschriebene Überprüfung des Vorankommens gemeinsam mit dem Klienten heißt im Resource-Oriented Interviewing Feedback-Prinzip bzw. Principle of Feedback (Langosch 2012, 9f.; 2013, 9f.) und bildet einen der Kernpunkte dieser Methode.

Zur Berücksichtigung der hier genannten vier Punkte können unter anderem die Auswertungsbögen aus Kapitel 7 genutzt werden sowie Arbeitsbogen 25 (Verbesserungen) aus Kapitel 6.4 und Arbeitsbogen 12 (Zufriedenheit, Teil 2) aus Kapitel 5.1. Diese vier Bögen gehören zu den mächtigsten und ressourcevollsten (also zieldienlichsten) dieses Buches. Lassen Sie diese Chancen zum Einbeziehen des Feedbacks des Klienten nicht ungenutzt!

In dieser Weise ressourcenorientiert vorzugehen, kann unter anderem eine von vielen Möglichkeiten sein, Wertschätzung zu zeigen. Ohne Wertschätzung läuft im ressourcenorientierten Arbeiten nichts! Wenn es Ihnen nicht gelingen sollte, Ihre Beratung, Ihr Coaching, Ihre Therapie etc. zu einem Kontext von gegenseitiger Wertschätzung und Aufwertung zu machen, dann gehen Sie mit ihrem Klienten lieber spazieren oder Kaffee trinken – und unterhalten Sie sich über das Wetter, Frauen, Männer, Fußball, Stricken …– so lange, bis Wertschätzung und Aufwertung wieder funktionieren!

Bitte bedenken Sie immer wieder: Das Vorgehen des Beraters oder Therapeuten sollte unbedingt kompatibel sein mit der Vorstellung des Klienten, wie positive Veränderungen erreicht werden können (Duncan 2005,

87ff.)!In Fachsprache könnte man es so beschreiben: Der Input besteht in den eingesetzten Mitteln (z.B. der angewandten Methode und den vereinbarten Zielen); der Output beschreibt die im Verlauf der Beratung oder Therapie entstandenen Ergebnisse (z.B. erreichte Einstellungs- oder Verhaltensänderungen); Outcome bedeutet Output-Ziel-Vergleich.

Und nun: Reflektieren Sie regelmäßig zusammen mit dem Klienten Input, Output und Outcome, d.h. betreiben Sie aktiv Outcome-Management (Duncan 2005, XII; Langosch 2010, 26, 43f.)!

Jede Methode hat Grenzen und Risiken: Jede Methode hat ihre Grenzen und Risiken, die häufig erst in der Praxis deutlich werden. Eine Methode kann den Praktiker also niemals von seiner Verantwortung entbinden. Um diese Verantwortung übernehmen zu können, bedarf es unter anderem einer gewissen Distanz, wenn nicht sogar Respektlosigkeit (Cecchin et al. 2002) gegenüber den von einem selbst favorisierten Methoden und Theorien. Daher sollten Sie sich zur kritischen (Selbst-) Reflektion immer wieder folgende Fragen stellen:

- Wann könnten die hier dargestellten Methoden eher schaden als nützen?
- Unter welchen Umständen wären sie eher hinderlich?
- Wann, wo und mit wem sollten Sie sie auf gar keinen Fall anwenden?
- Für welche Bereiche brauchen Sie ganz andere Ideen als die hier dargestellten?
- Wie viel Methodendistanz benötigen Sie, um möglichst effizient und verantwortungsvoll arbeiten zu können?
- Wo würden Sie sich mit den hier dargestellten Methoden festfahren?
- Woran können Sie Situationen erkennen, in denen die hier dargestellten Ideen, Methoden, Fragen und Arbeitsbögen fehl am Platze wären?

Diese Fragen sind lediglich Beispiele. Ergänzen Sie diese Liste daher ruhig durch weitere Fragen, die Sie für eine verantwortungsvolle Praxis sinnvoll finden!

7 Fallbeispiele zu Risiken und Nebenwirkungen

Wenn die Methode schadet

Frau M. ist 38 Jahre alt, seit 22 Jahren alkoholkrank, und lebt in einem vollstationären Wohn- und Betreuungsheim für langjährige Alkoholiker. Sie befindet sich seit einem Monat in dieser Einrichtung und die Eingewöhnungsphase ist weitgehend abgeschlossen. Im Rahmen der Hilfeplanung für den weiteren Aufenthalt stellt ihre Bezugsbetreuerin ihr viele ressourcenorientierte Fragen. Im Verlauf des Gesprächs wird Frau M. immer unruhiger und reagiert schließlich verärgert.

Betreuerin:... und was genau empfinden Sie noch alles als hilfreich zur Erreichung Ihres Zieles, später wieder in einer eigenen Wohnung leben zu können?

Frau M.: Was soll denn diese ganze Fragerei?

Betreuerin: Nun, ja, ... ich versuche herauszufinden, wie wir Ihnen hier nützlich sein können.

Frau M.: Aber das ist ja schlimm! Ihre ständigen bohrenden Fragen! Da fühlt man sich ja richtig verhört!

Im weiteren Verlauf der Betreuung in der Einrichtung vereinbaren Frau M. und ihre Bezugsbetreuerin daraufhin, dass die Betreuerin weniger Fragen stellt und stattdessen Frau M. mehr von sich aus erzählen kann. Beide stellen fest, dass Frau M. sehr viel Zeit und Raum zum Klagen über vergangene belastende Erlebnisse benötigt. Erst nachdem sie immer wieder ihren Ärger auf diese Weise losgeworden ist, kann sie sich schließlich ab und zu auch auf ihre Ressourcen, Stärken und Fähigkeiten sowie dazugehörende ressourcenorientierte Fragen einlassen.

Wenn die Methode hinderlich ist

Herr H. ist 58 Jahre alt und leidet seit seiner Jugend an einer paranoiden Schizophrenie. Er lebt seit 3 Jahren in einem Wohnheim und schwärmt in Hilfeplangesprächen immer wieder davon, demnächst nach Australien ziehen und dort als Tankwart arbeiten zu wollen. Da dies seinem Hilfeplaner/Case Manager sehr unrealistisch erscheint, beendet dieser sein zuvor sehr ressourcenorientiertes und lösungsfokussiertes Fragen und thematisiert stattdessen kurz das gemeinsame Vorgehen.

Case Manager: Herr H., wir haben jetzt viel über die Zukunft gesprochen. Ich habe Ihre Wünsche diesbezüglich notiert und würde jetzt gerne mit Ihnen ein wenig mehr über das Hier und Jetzt sprechen. Zur Zeit erscheint es mir als vordringlich, dass Sie gesundheitlich wieder auf die Beine kommen.

Herr H.: Mmmmhh. Ja …, meinen Sie? Kann schon sein.

Case Manager: Ja, denn wenn wir die dringlichen und wichtigen Aufgaben in der Gegenwart nicht richtig angehen, wird es wahrscheinlich schwierig, umfangreichere Zukunftspläne zu verwirklichen.

Herr H.: Mmh. O.k.

In den darauffolgenden Gesprächen achtet der Case Manager vermehrt darauf, gleich von Beginn an die Gesprächsinhalte stark auf die Gegenwart, das Hier und Jetzt, also auf aktuell vorrangige Themen und das gegenwärtige Erleben zu fokussieren.

Wenn es (möglicherweise) um Leben und Tod geht

Herr R. ist 32 Jahre alt und hat in den vergangen fünf Jahren insgesamt drei Suizidversuche unternommen. Akut klagt er über Suizidgedanken. Seine Schilderungen sind dabei sehr detailliert. Sein ihn ambulant betreuender Sozialarbeiter bricht daher das gerade begonnene Zielplanungsgespräch ab, thematisiert die von Herrn R. erwähnten Suizidgedanken und überzeugt Herrn R. schließlich davon, sich sofort in psychiatrische Behandlung zu begeben. Der Sozialarbeiter fährt Herrn R. daraufhin selbst in die nächste psychiatrische Klinik zur Notaufnahme.

Ein Bereich mit anderen methodischen Ideen

Herr B. ist Krankenpfleger und hat viele Jahre in der Psychiatrie als Bezugsbetreuer gearbeitet. Vor einer Woche wechselte er beruflich in eine

Spezialeinrichtung zur Pflege und Betreuung von schwer demenziell veränderten Menschen. Während seines Beschäftigungsverhältnisses in der Psychiatrie hatte er viel mit dem lösungsfokussierten Ansatz gearbeitet, was ihm viel Freude bereitet hatte. In seinem neuen Arbeitsfeld erscheint ihm dieser Ansatz kontraindiziert. Er thematisiert dies in einem Gespräch mit seiner Freundin.

Herr B.: In meinem neuen Arbeitsfeld kann ich nicht viel von dem anwenden, was ich in der Psychiatrie so gerne gemacht habe. Das ist wirklich schade! Ich vermisse dieses systematische Vorgehen sehr.

Freundin: Du meinst den lösungsfokussierten Ansatz, von dem Du so begeistert warst?

Herr B.: Von dem ich immer noch begeistert bin! Aber mit Demenzkranken komme ich da nicht weit. Da ist er eher kontraindiziert.

Freundin: Mmmh. ... Ja. ... Verstehe. ... Aber wenn es um das systematische Vorgehen an sich geht, gibt es vielleicht andere Möglichkeiten.

Herr B.: Wie meinst Du das?

Freundin: Na, es gibt doch zum Beispiel die Methode der Validation, die man auch sehr systematisch betreiben kann. Gleichzeitig basiert sie auch auf einem sehr klientenzentrierten Vorgehen in Verbindung mit einem humanistischen Menschenbild, ähnlich wie das lösungsfokussierte Vorgehen.

Herr B.: Ja, das ist richtig. Vielleicht kann ich ja eine Fortbildung in Validation machen.

Methodendistanz

Herr Z. arbeitet beim Jugendamt und führt dort regelmäßig Gespräche mit straffällig gewordenen Jugendlichen. In einer Fachdiskussion mit einem Kollegen kommen beide auf das Thema Methodendistanz.

Herr Z.: In meiner Arbeit mit den Jugendlichen arbeite ich gerne ressourcenorientiert, aber manchmal komme ich damit sehr an meine Grenzen.

Kollege: Kann ich verstehen. Ich würde mich an Deiner Stelle nicht zu sehr auf eine Methode oder einen Ansatz fixieren, sonst fährst Du Dich zu schnell fest. Ich fand früher ja die konfrontative Pädagogik besonders fesselnd, aber die hilft auch nicht immer weiter.

Herr Z.: Und wie ist es heute bei Dir? Womit arbeitest Du heutzutage am liebsten?

Kollege: Ich schaue heute etwas genauer, was gerade gut passt. In konflikthaften Auseinandersetzungen ist die konfrontative Pädagogik für mich noch immer das Mittel der Wahl. In der Hilfeplanung gehe ich am liebsten ressourcenorientiert und lösungsfokussiert vor. Elemente der Motivierenden Gesprächsführung lasse ich auch immer mal wieder einfließen, aber insgesamt versteife ich mich nicht auf eine bestimmte Methode. Manchmal darf es auch einfach nur Small-Talk sein.

Sich methodisch festfahren

Herr M. erhält von Freunden und Bekannten manchmal die Rückmeldung, dass er in Gesprächen mit ihnen gelegentlich in einen sozialpädagogischen Fachjargon verfällt, was diese als störend empfinden. Manchmal passiert ihm das auch mit seiner Ehefrau, die ihn schließlich damit konfrontiert.

Ehefrau: Kannst Du bitte diesen professionellen Tonfall mal sein lassen. Ich komme mir ja schon vor wie einer Deiner Klienten.

Herr M.: Aha. Wie meinst Du das?

Ehefrau: Na, ja, ... Ich versuche Dir gerade verständlich zu machen, wie ich mich in Bezug auf die aktuellen Probleme unserer Tochter fühle, und Du fragst mich ständig nach Lösungen, Ausnahmen und solchem Quatsch. Höre mir doch bitte einfach etwas aufmerksamer zu!

Herr M.: Oh! Ja, Liebling, verzeih! Ich war gerade einmal wieder in meinen Arbeitsmodus gerutscht. Tut mir leid. Ich setze mich jetzt einfach zu Dir und höre Dir zu.

Feedback erfragen!

Herr C. hat bereits erste Erfahrungen als Psychotherapeut gesammelt und macht nun eine Fortbildung in ressourcenorientierter Beratung. Im Gespräch mit seinem Ausbilder wird ihm die zentrale Bedeutung regelmäßigen Feedbacks bewusst.

Herr C.: Woher weiß ich denn eigentlich genau, wann ich ressourcenorientiert vorgehen sollte, und wann lieber nicht?

Ausbilder: Das weiß man vorher selten ganz genau. Aber es gibt da eine nützliche Regel: Im Zweifelsfall einfach mal den Klienten fragen!

Herr C.: Und zu was genau soll ich den Klienten dabei befragen?

Ausbilder: Hauptsächlich zu drei Dingen: Zur Zielerreichung, zum gemeinsamen Vorgehen und zu allem, was es sonst noch aus Sicht des Klienten zu klären gibt.

Herr C.: Gibt es sonst noch Hinweise, mit deren Hilfe ich feststellen kann, ob ich eventuell auf dem Holzweg bin?

Ausbilder: Ja, wenn sich nach spätestens fünf Sitzungen für den Klienten noch nichts verbessert hat, könnte das ein deutlicher Hinweis sein. Aber auch hier gilt wieder: Lieber einmal mehr als einmal zu wenig den Klienten fragen!

Grundelemente des ressourcenorientierten Arbeitens: Obwohl sich das ressourcenorientierte Arbeiten als feststehender Begriff in psychosozialen Arbeitsfeldern etabliert hat und grundsätzliche Ähnlichkeiten zu ausführlich beschriebenen methodischen Grundelementen bestimmter Methoden aufweist, wie zum Beispiel zum Utilisationsprinzip der Ericksonschen Hypnotherapie (Dolan 1985), so ist ressourcenorientiertes Arbeiten trotz alledem doch keine eigenständige Methode.

Grundlegende Ideen und Handlungselemente des ressourcenorientierten Arbeitens lassen sich aber anhand bestehender Methoden und Fachgebiete aufzeigen. Die nachfolgend beschriebenen Methoden bzw. Fachgebiete wurden hierfür ausgewählt, weil sie dem Autor vertraut sind und sich in der Praxis als besonders ressourcenorientiert, pragmatisch und transparent bewährt haben. Welche Methode oder welches Fachgebiet dabei zur

Darstellung welcher Grundelemente ressourcenorientierten Arbeitens herangezogen wird, ist in der folgenden Auflistung kurz dargestellt:

Lösungsfokussierte Kurztherapie und lösungsfokussierter Ansatz
- Lösungsfokussierung
- Zukunftsorientierung
- Realisierungsorientierung

Resilienz (Forschung zur Widerstandsfähigkeit und Anwendung der Ergebnisse dieser Forschung)
- Fokussierung auf Stärken und Fähigkeiten
- Fokussierung auf bereits bestehende Bewältigungsstrategien

Motivierende Gesprächsführung (Motivational Interviewing) und das Modell der Phasen der Veränderung
- Ausrichtung auf Motivationslagen des Klienten
- Klientenzentrierung

Case Management
- Systematisierung des Ablaufs der Hilfe und Unterstützung
- Einbindung (personen-) externer Ressourcen (Vernetzung)

Ressourcenorientierung ist nicht immer das Mittel der Wahl: Die hier getroffene Auswahl soll dabei keine anderen Methoden abwerten, denn natürlich lassen sich auch andere Methoden ressourcenorientiert verwenden. Darüber hinaus ist Ressourcenorientierung auch nicht immer das Mittel der Wahl, so dass selbstverständlich auch eher an Defiziten orientierte Modelle und Methoden ihren Platz und besonderen Wert im Methodenspektrum von Management, Selbstmanagement, Supervision, Coaching, Therapie, Beratung und Sozialer Arbeit haben.

2.1 Lösungsfokussierte Kurztherapie und lösungsfokussierter Ansatz

Lösungsfokussierter Ansatz als Oberbegriff: Die Lösungsfokussierte Kurztherapie ist eng verbunden mit den Namen Steve de Shazer (1998a; 1998b; 1999a; 1999b) und Insoo Kim Berg (de Jong/Berg 2003), die diese Therapieform mitbegründet haben. Inzwischen werden viele Ideen und Methoden der Lösungsfokussierten Kurztherapie auch in Arbeitsfeldern genutzt, die nicht in den Bereich der Therapie fallen. Da sich die folgenden

Ausführungen auf diesen erweiterten Anwendungszusammenhang beziehen, ist hier nachfolgend vom lösungsfokussierten Ansatz die Rede.

Lösungen = Ausnahmen von Beschwerden: Eine der größten Schwierigkeiten beim Verstehen der Grundlagen des lösungsfokussierten Ansatzes liegt darin, dass mit dem Wort Lösung hier nicht Problemlösung gemeint ist (Bamberger 2001, 15ff., 36ff.). Lösungen sind im lösungsfokussierten Ansatz vielmehr Ausnahmen von Beschwerden, die der Klient hat. Dies können sowohl bereits real vorhandene Ausnahmen sein, als auch vorstellbare, also hypothetische Ausnahmen. Lösungen in diesem Sinne ergeben sich aus Antworten zu Fragen wie zum Beispiel:

- Wann tritt die Beschwerde nicht auf?
- Was genau passiert, wenn die Beschwerde nicht auftritt?
- Woran würden Sie erkennen, dass die Beschwerde nicht mehr da wäre?

Fallbeispiel: Herr F. sucht Kontakt

Herr F. ist 23 Jahre alt und im Rahmen seines Studiums in eine andere Stadt gezogen. Er hätte gerne eine feste Beziehung, leidet im direkten Kontakt mit einzelnen Frauen jedoch häufig unter seiner Schüchternheit und Befangenheit. Er weiß allerdings von sich auch, dass er sonst im Alltag nur selten schüchtern oder befangen reagiert. Er beschließt daher, sich selbst in diesen unterschiedlichen Situationen genauer zu beobachten. Dabei stellt er fest, dass er normalerweise im Alltag seine Mitmenschen aufmerksam beobachtet, achtsam den Kopf aufrecht hält, und ein großer Anteil seiner Selbstaufmerksamkeit bei seinen eigenen Augen liegt. Im Kontakt mit Frauen hält er den Kopf eher gesenkt, die Augen etwas geschlossener, und seine Aufmerksamkeit wandert dann oft zu dem flauen Gefühl in seinem Magen. Nach und nach gelingt es ihm, sein aufmerksames Alltagsverhaltens- und Wahrnehmungsmuster auch in Gesprächen mit Frauen aufrecht zu erhalten, was ihm bereits einige Wochen später sehr intensive und anregende Gespräche und nach etwa einem halben Jahr eine feste Beziehung beschert.

Oft geht es um die Konsequenzen der Erreichung des Zieles: Es geht im lösungsfokussierten Ansatz häufig auch nicht vorrangig um das Ziel selbst, das jemand erreichen möchte, sondern um die Konsequenzen der Erreichung des Zieles. Fragen wie zum Beispiel

- Wenn Sie Ihr Ziel erreicht haben, was werden Sie dann tun können, das Sie vorher nicht tun konnten?
- Was wird dann noch anders sein?

sind daher weitere zentrale Fragen des lösungsfokussierten Ansatzes.

Fallbeispiel: Herr K. und seine Work-Life-Balance

Herr K. arbeitet in der Vertriebsabteilung eines Versandhauses und hatte sich dort auf einen höheren Leitungsposten beworben. Nachdem er hierzu eine Ablehnung erhalten hat, geht er für sich noch einmal durch, was ihm an diesem Posten wichtig gewesen wäre. Als zentrale Punkte fallen ihm dabei die Themen Anerkennung, Akzeptanz und Beliebtheit auf. Er überlegt nun, wo er bereits diese Bedürfnisse erfüllt bekommt. Herr K. stellt schließlich fest, dass er bei seinem Hobby als Hockeyspieler bereits sehr anerkannt, akzeptiert und beliebt ist und beginnt, diese Zeiten jetzt noch bewusster zu genießen.

Der lösungsfokussierte Ansatz ist Einstellungssache: Ressourcenorientiertes Arbeiten im Sinne des lösungsfokussierten Ansatzes lässt sich auch als innere Einstellung beschreiben: Sich mehr für Ausnahmen von der Beschwerde interessieren als für die Beschwerde selbst; sich mehr für die Konsequenzen der Erreichung des Zieles interessieren als für das Ziel selbst.

Fallbeispiel: Herr D. macht eine Ausbildung zum ressourcenorientierten Berater

Herr D. nimmt an einer Ausbildung zum ressourcenorientierten Berater teil und wird von seinem Ausbilder nach einigen Monaten um ein erstes Feedback zu eigenen Veränderungen gebeten.

Ausbilder: Herr D., wie sind Sie bis jetzt mit der Ausbildung klargekommen, und was hat sich bei Ihnen bisher dadurch verändert?

Herr D.: Bereits ziemlich zu Anfang der Ausbildung ist mir aufgefallen, dass ich angefangen habe, eine große Dankbarkeit zu empfinden. Dies kam ganz automatisch durch das Bewusstmachen der Ressourcen in meinem eigenen Leben. Dabei ist mir unter anderem auch klar geworden, wie viel Positives ich im Leben bereits bekommen habe.

Ausbilder: Welche Ressourcen haben Sie denn dabei entdeckt?

Herr D.: Geduld, Ausdauer und ein reges Interesse an meinen Mitmenschen waren wohl die wichtigsten Dinge, die mir an mir selbst bewusst geworden sind. Dabei habe ich dann schnell gemerkt, dass diese Eigenschaften ja erst durch meine Mitmenschen wachgerufen und durch gute Beziehungen gefördert wurden. Ich bin daher vor allem meinen Eltern und meiner Partnerin sehr dankbar, und auch meinen guten Freunden. Freundschaft, Loyalität und Achtsamkeit in Beziehungen waren und sind daher wohl meine wichtigsten sozialen Ressourcen.

Ausbilder: Was hat sich bei Ihnen noch verändert?

Herr D.: Vor allem meine Einstellung hat sich verändert. Ich schätze die vorhandenen Ressourcen noch mehr als zuvor. Gleichzeitig habe ich das Gefühl, dass fast immer Hoffnung auf irgendeine Form von Besserung besteht, egal wie schwer die Situation auch sein mag. Hoffnung, Geduld, aktives Handeln und die Klärung der eigenen Werte und Ziele haben für mich durch die Ausbildung einen sehr hohen Stellenwert bekommen.

Wenn Sie es genau wissen wollen: Solution-Talk! Es wird im lösungsfokussierten Ansatz davon ausgegangen, dass es äußerst hilfreich sein kann, ganz genau herauszufinden, was genau sich in all den Zeiten ereignet, in denen die Beschwerde nicht da oder weniger schwerwiegend ist. Die in diesen Ausnahmezeiten verborgenen Ressourcen und Fähigkeiten gilt es dann zu fördern, so dass nach und nach für die Beschwerde immer weniger Zeit bleibt. Fokussiert wird dabei vor allem auf das konkrete Tun in allen Einzelheiten und auf die Interaktion mit anderen Personen:

- Was genau tun Sie selbst ganz konkret, wenn die Beschwerde nicht auftritt, oder zumindest weniger schwerwiegend ist?
- Wer wird dann was genau und konkret tun, wann, wo, wie, mit wem, in welchem Zusammenhang und mit welchen Folgen?
- Wie würde die Ihnen nahe stehende Person „X“ darauf reagieren, wenn Ihre Beschwerde morgen quasi über Nacht plötzlich verschwunden wäre? Ohne dass Sie es ihr sagen: Woran würde diese Person erkennen,

dass die Beschwerde nicht mehr auftritt? Diese Frage ist ein Teil der Anwendung der sogenannten Wunderfrage (Miller/Berg 1997).

Der Klient wird dazu ermuntert und ermutigt, so viel wie möglich sehr detailliert über Ausnahmezeiten und deren genaue Umstände zu sprechen. Dies nennt sich Solution-Talk (Furman/Ahola 2001): Der Klient spricht über Ausnahmen von der Beschwerde. Dies soll ihm ermöglichen und ihn dabei unterstützen, diese Ausnahmen zu entdecken, zu erforschen und zu fördern. Das Motto dabei lautet: Je mehr der Klient über Ausnahmen von der Beschwerde spricht, desto mehr Ausnahmen wird er bekommen. Es geht also vor allem um eine starke Fokussierung der Aufmerksamkeit auf das erwünschte Erleben.

Im Gegensatz zum sogenannten Positiven Denken (Scheich 2001) bleibt der lösungsfokussierte Ansatz dabei stets handlungs-, realitäts- und realisierungsorientiert, was unter anderem in folgenden typisch lösungsfokussierten Fragenkomplexen zum Ausdruck kommt:

- Was genau wäre ein erster kleiner Schritt, den Sie hier und heute mit den Ihnen jetzt bereits zur Verfügung stehenden Mitteln tun könnten, um sich auf den Weg zu Ihrem Ziel zu machen? Inwiefern wäre dieser erste kleine Schritt hilfreich? Ist das etwas, das Sie wirklich tun könnten? Wenn ja, was lässt Sie das meinen?

- Was passiert zur Zeit in Ihrem Leben, das Ihnen sagt, dass Sie Ihr Ziel erreichen können? Woher wissen Sie, dass Ihr Ziel realisierbar ist?

In psychoanalytisch orientierten Kontexten bezeichnet man die o.g. Fragen als Realitätsprüfung.

Veränderung ist eine Fußgängerin, die am besten Schritt für Schritt auf dem Boden der Tatsachen vorankommt!

Siehe hierzu auch Arbeitsbogen 24, Schritt für Schritt vorankommen.

In diesem Sinne können diese Realitätsprüfungsfragen allen Beteiligten dabei helfen, trotz aller Veränderungswünsche und Zielstrebigkeit „auf dem Teppich“ zu bleiben.

Skalierungsfragen: Sowohl der Realitätsprüfung, als auch vielen anderen Zwecken, kann die im lösungsfokussierten Ansatz häufig verwendete Skalierung dienen (de Shazer 1998b, 113ff.). Eine dabei angewendete Skala kann zum Beispiel so aussehen:

0 1 2 3 4 5 6 7 8 9 10

... oder so:

0% 50% 100%

... oder so:

schlecht mittelmäßig gut

Skaliert werden kann dabei alles, was die Gesprächspartner quantifizieren oder dessen Ausprägungsgrad sie differenzieren wollen, wie zum Beispiel:

- die Wahrscheinlichkeit der Zielerreichung
- die Wichtigkeit einer Veränderung
- den Grad der Zielerreichung
- die Lust, etwas zur Erreichung des Zieles zu tun
- die Neugier auf die Folgen der Veränderung
- die momentane eigene Stimmung oder Befindlichkeit
- ... und ... und ... und ...

Beispiele zur Anwendung von Skalen und Skalierungsfragen finden Sie in den Arbeitsbögen 14 (Lebensbereiche), 15 (Widerstandsfähigkeit, Teil 2), 17 (Wichtigkeit), 18 (Zuversicht) und 19 (Bereitschaft).

Die Wunderfrage: Neben den Skalierungsfragen gehört auch die sogenannte Wunderfrage zu den Klassikern unter den lösungsfokussierten Methoden. In vier ihrer kürzesten Formen kann sie zum Beispiel folgendermaßen lauten (Walter/Peller 1999, 100ff.):

- Angenommen, in der heutigen Nacht würde ein Wunder geschehen, und das Problem, das Sie hierher (in die Beratung, in die Therapie, ins Coaching etc.) geführt hat, wäre gelöst: Was würden Sie danach anders machen?
- Angenommen, Sie wachen morgen auf, und Ihr Problem ist verschwunden: Was würden Sie dann anders machen als heute oder gestern?
- Wenn Sie so tun würden, als ob Ihr Problem verschwunden wäre: Was genau würden Sie dann tun?
- Wie wäre es, wenn es anders wäre? (Dies ist die Ultrakurzversion!)

Die Wunderfrage dient dazu, hypothetische Lösungen (also hypothetische Ausnahmen von der Beschwerde) zu konstruieren. Sie bedient sich dabei der Fokussierung auf die positiven Konsequenzen der Erreichung des Zieles. Häufig stellt man dann fest, dass sich viele dieser positiven Konsequenzen bereits hier und jetzt verwirklichen lassen, ohne dass es vorher unbedingt nötig ist, das Ziel zu erreichen. Manchmal hilft die Verwirklichung einiger der Konsequenzen auch dabei, das Ziel zu erreichen oder ihm wenigstens etwas näher zu kommen.

Ein Beispiel für eine Anwendung der Wunderfrage finden Sie in Arbeitsbogen 15 (Widerstandsfähigkeit, Teil 2).

Was macht man nun aber als Therapeut oder Berater, falls dem Klienten auf die Wunderfrage nichts einfällt? Eine der wirksamsten Strategien besteht darin, nach der Hoffnung auf Verbesserung zu fragen und diese Hoffnung dann durch weitere Fragen immer konkreter werden zu lassen:

- Wie groß ist Ihre Hoffnung, dass sich Ihre Situation verbessern kann?
- Woraus schöpfen Sie diese Hoffnung?
- Welche konkreten Erfahrungen aus Ihrem bisherigen Leben geben Ihnen hierbei Hoffnung?
- Es gab also schon einmal hoffnungsvollere Tage bei Ihnen: Wie genau sahen diese Tage aus?

Danach lässt sich die Wunderfrage dann gut in einer etwas abgewandelten Form erneut stellen:

- Angenommen, die eben gesammelten hoffnungsvollen Aspekte in Ihrem Leben würden sich zu einem kleinen Wunder zusammenfügen und gemeinsam mit vereinten Kräften zum Tragen kommen: Woran würden Sie das merken?

Eine andere Strategie, die sich damit befasst, was zu tun ist, wenn dem Klienten auf die Wunderfrage nichts einfällt, besteht darin, erst einmal einfach abzuwarten (de Shazer/Dolan 2013, 80ff.). Oftmals entwickelt der Klient dann schließlich doch eine Antwort.

Bewältigungsstrategien mittels Coping-Fragen erforschen: Bewältigungsstrategien genau zu erforschen und deren Bestandteile herauszufinden und zu fördern, ist eine weitere Spezialität des lösungsfokussierten Ansatzes. Hierzu gehören sogenannte Coping-Fragen wie zum Beispiel:

- Wie haben Sie es geschafft, diese schwierige Situation so lange auszuhalten, ohne vollkommen zu verzweifeln?
- Wie schaffen Sie es, angesichts der Schwere der Situation, tagtäglich über die Runden zu kommen?

(Zu dieser Art von Fragen siehe auch Kapitel 4.)

Auch hier wird deutlich, dass ressourcenorientiertes Arbeiten im Sinne des lösungsfokussierten Ansatzes auch eine Frage der Einstellung ist: Keine Ressource, keine Fähigkeit, keine Stärke ist eine Selbstverständlichkeit, sondern alle diese Dinge sind es wert, ausgiebig explizit gewürdigt, erforscht und gefördert zu werden! Um genau diese Einstellung geht es auch in Kapitel 2.2.

Burnout-Prophylaxe: Der Anwender des lösungsfokussierten Ansatzes lässt sich von den Stärken der Klienten ermutigen, von ihrer Hoffnung motivieren und von ihrem Mut inspirieren. Besonders in schwierigen sozialen Arbeitsfeldern bietet der lösungsfokussierte Ansatz daher eine ausgezeichnete Burnout-Prophylaxe.

Weitere Grundannahmen und Prinzipien: Einige weitere zentrale Grundannahmen und Prinzipien des lösungsfokussierten Ansatzes (Hargens 2000,15ff.;O`Connell 2005, 29ff.; de Shazer/Dolan 2013, 22ff.) sind:

- Wenn etwas nicht kaputt ist, repariere es nicht!
- Tue mehr von dem, was funktioniert!
- Wenn etwas nicht funktioniert, tue stattdessen etwas anderes!
- Der Klient ist nicht das Problem; das Problem ist das Problem.
- Kleine Veränderungen können große Unterschiede machen.

5 Fallbeispiele zu grundlegenden Prinzipien des lösungsfokussierten Ansatzes

Wenn etwas nicht kaputt ist, repariere es nicht!

Herr H. macht ein Praktikum bei einer Psychotherapeutin. Sie unterhalten sich darüber, dass Psychotherapie manchmal für die Klienten überfordernd und kontraproduktiv sein kann.

Herr H.: Wenn ich Sie richtig verstanden habe, sind schädliche Nebenwirkungen bei Psychotherapie eher selten. Können Sie mir trotzdem ein negatives Beispiel aus Ihrer eigenen Praxis nennen.

Therapeutin: Ja. Es gab vor etlichen Jahren eine Zeit, in der viele Menschen Psychotherapie mit einem Glücksversprechen verwechselt haben.

Herr H.: Wie meinen Sie das?

Therapeutin: Die theoretischen Hintergründe mancher Therapien implizieren, dass es ideale psychische Zustände oder Eigenschaften eines Menschen geben könnte, z.B. einen vollständig psychisch integrierten Menschen, oder jemanden, der sich vollkommen selbstaktualisiert hat. An solchen Stellen wird der Bogen der Psychotherapie deutlich überspannt. Klienten, die nach diesen Idealvorstellungen leben wollen, überfordern sich selbst und oft auch ihr soziales Umfeld. Das kann leicht zu Enttäuschungen und schließlich auch zu Resignation führen.

Herr H.: Und gibt es einen Schutz dagegen?

Therapeutin: Ja, und zwar die richtige Einstellung. Ein Satz aus der lösungsfokussierten Kurztherapie weist dabei in eine gute Richtung: Wenn etwas nicht kaputt ist, repariere es nicht!

Tue mehr von dem, was funktioniert!

Frau J. hat vor 4 Jahren auf einem Meditationsseminar sehr positive Erfahrungen gemacht. Es gelingt ihr bisher jedoch nur sehr selten, diese Erfahrungen in ihrem Alltag wirksam werden zu lassen. Als sie beruflich von dem Grundsatz „Tue mehr von dem, was funktioniert" der lösungsfokussierten Kurztherapie hört, greift sie ihre positiven Erfahrungen aus dem Meditationsseminar wieder auf. Sie richtet Ihre Bemühungen dabei hauptsächlich auf das Training der Kunst des Innehaltens. Sie stellt sich darauf ein, auf bestimmte Reize hin erst einmal 2 Atemzüge lang innezuhalten, bevor sie reagiert. Als Auslösereize für dieses atembewusste Innehalten wählt sie Situationen aus, in der das Telefon klingelt, oder jemand ihr eine Frage stellt. Diese Tätigkeit des Innehaltens hatte sie seit dem o.g. Seminar gelegentlich angewandt, aber nicht regelmäßig, obwohl es ihr gut gefallen hatte. Durch ihr jetziges regelmäßiges Üben wird sie bald insgesamt deutlich ruhiger und gelassener. Ihre neue Souveränität fällt schließlich auch ihren Kollegen auf, die sie nun häufig für ihre Gelassenheit loben.

Wenn etwas nicht funktioniert, tue stattdessen etwas anderes!

Herr A. ist Sozialarbeiter und stellt nach seinem Wechsel in einen neuen Arbeitsbereich fest, dass er nach Dienstschluss wesentlich öfter als früher häufig bis in die späten Abendstunden über belastende Gesprächssituationen mit seinen Klienten nachdenkt. Da ihn Lesen von der Arbeit ablenkt, beschließt er, nun öfter mit dem Bus statt mit dem Auto zur Arbeit und zurück nach Hause zu fahren. Dabei hat er immer ein spannendes Buch dabei, in dem er besonders auf der Rückfahrt nach Hause gerne liest. Das Lesen im Bus direkt nach der Arbeit bringt ihn schnell auf andere Gedanken, so dass er nun abends besser von der Arbeit abschalten kann.

Der Klient ist nicht das Problem; das Problem ist das Problem.

Herr G. ist 48 Jahre alt, seit 27 Jahren von verschiedenen Suchtmitteln (legalen und illegalen Drogen) abhängig und inzwischen sozial isoliert, hoch verschuldet und wohnungslos. Nach dem Anamnese-Gespräch in einer vollstationären Wohn- und Betreuungseinrichtung fällt ihm das nachdenkliche Gesicht seines Bezugsbetreuers auf.

Herr G.: Sie sehen so besorgt aus! Ja, ich weiß, ich bin ein ziemlicher Problemfall.

Bezugsbetreuer: Ich würde sagen, Sie haben da einige Probleme. Aber Sie selbst können gar kein Problemfall sein.

Herr G.: Aha. Und warum nicht?

Bezugsbetreuer: Wenn Sie einer wären, könnten Sie diese Probleme gar nicht so lange ausgehalten haben. Lassen Sie uns daher nun auch über Ihre Bewältigungsstrategien sprechen!

Kleine Veränderungen können große Unterschiede machen.
In einer Supervisionssitzung stellt die Sozialpädagogin Frau E. fest, dass sie noch vor einem Jahr wesentlich mehr Spaß an ihrer Arbeit hatte als jetzt. Nach dem Supervisionsgespräch entschließt sich Frau E. von nun an täglich eine halbe Stunde früher zur Arbeit zu kommen. Sie möchte dadurch in Ruhe bei der Arbeit ankommen, schon einmal Kaffee für sich und die Kollegen kochen und die bevorstehenden Arbeitsaufgaben des aktuellen Tages entspannt sichten und priorisieren. Dies gelingt ihr nach und nach in zunehmendem Maße, was schließlich auch den Spaß an ihrer Arbeit wieder erhöht.

Bei der Anwendung dieser Prinzipien geht es im lösungsfokussierten Ansatz nicht um die Herstellung eines Allheilmittels, das immer, überall und für jeden passen soll. Gesucht wird auch nicht nach der großen Idee, Theorie oder Strategie, die alles erklärt und löst. Es geht vielmehr darum, mit frischem Mut immer wieder eine neue, kleine, individuelle Lösung zu kreieren, die hier und heute in einer ganz speziellen Situation für eine ganz bestimmte Person funktioniert. Dies erfordert und fördert den sogenannten Anfängergeist, der alles so betrachtet, als würde es ihm zum allerersten Mal begegnen (Jackson/McKergow 2002, 12f., 104ff.).

Zwei der o.g. Prinzipien sind dabei so zentral, dass Sie sich die beiden am besten gleich richtig gut einprägen sollten. Daher jetzt noch einmal zur Wiederholung:

- Tue mehr von dem, was funktioniert!
- Wenn etwas nicht funktioniert, tue stattdessen etwas anderes!

Beide Sätze implizieren nun noch einen dritten, und zwar:

- Plane und kontrolliere den Transfer der Lösungen in den Alltag!

Wann, wo und wie auch immer Sie Lösungen finden – zu Hause an Ihrem Schreibtisch, im „therapeutischen Raum“, im „open place“ oder „open space“ eines dialogischen Gruppen-Events, beim energetischen oder therapeutischen Nacktbaden in den heißen Quellen Islands, beim Improvisationstheater-Workshop in Südfrankreich, beim Grübeln im stillen Kämmerlein, beim „transformatorischen“ Feuerlauf, beim Unterhalten mit Ihrer Nachbarin oder dem Postboten …– ohne Transfer in den Alltag werden Sie nicht sehr lange Freude an Ihren Lösungen haben, außer vielleicht als Erinnerungen an schönere Zeiten. „Damals eben …“ Oder wie der Dichter Erich Kästner schrieb: „Es gibt nichts Gutes, außer: Man tut es.“

Scheuen Sie sich auch nicht davor, beim Alltags-Transfer Ihrer Lösungen sehr redundant zu sein. Manches prägt sich halt umso besser ein, je öfter man es wiederholt. In diesem Sinne hier nun also (in Anlehnung an die Hauptsätze der Thermodynamik) die „drei Hauptsätze der lösungsfokussierten Ressourcendynamik“:

1. **Tue mehr von dem, was funktioniert!**
2. **Wenn etwas nicht funktioniert, tue stattdessen etwas anderes!**
3. **Plane und kontrolliere den Transfer der Lösungen in den Alltag!**

Mit diesen drei Grundprinzipien können Sie bereits sehr kreativ und vielfältig lösungsfokussiert und ressourcenorientiert arbeiten. Mehr brauchen Sie für ressourcenorientiertes Arbeiten eigentlich gar nicht. Dies soll Sie aber nicht daran hindern, trotzdem weiterzulesen.

Man könnte die Anwendung dieser drei Prinzipien auch als systematisches und kontrolliertes Lernen durch Versuch und Irrtum bezeichnen. Konsequent und ausdauernd angewendet, ist diese Art des Vorgehens in vielen Fällen äußerst effizient.

Ein Beispiel zu seiner Anwendung finden Sie in Arbeitsbogen 25 (Verbesserungen).

Häufig ist es sehr viel einfacher, erst einmal mehr von dem zu tun, was funktioniert, als das zu ändern, was nicht funktioniert!

Daher sollte der Schwerpunkt immer auf dem ersten dieser drei Prinzipien liegen.

Die natürliche Auslese funktioniert übrigens ganz ähnlich. Wenn etwas funktioniert, dann macht die Natur mehr davon. Funktioniert etwas nicht, dann macht die Natur etwas anderes. Dieses Entwicklungsmuster hat sich über viele Millionen Jahre bewährt. Zwei seiner Ergebnisse sind z.B. Sie selbst und Ihre Fähigkeit, jetzt gerade diese Zeilen zu lesen.

Sich von Zeit zu Zeit von Lösungen lösen: Der lösungsfokussierte Ansatz zeigt Ihnen einen pragmatischen Weg zu individuellen, funktionierenden Lösungen, mit denen Sie sofort loslegen können. Übertreiben Sie es aber nicht! Manchmal möchten Klienten einfach nur klagen oder Probleme wälzen. Gönnen Sie sich und Ihren Klienten ruhig von Zeit zu Zeit einen kleinen Urlaub von Lösungen, Ausnahmen und Zielen! Manchmal ist es hilfreicher, sich von Lösungen zu lösen. Betrachten Sie es doch einfach einmal so:

Wenn Sie mit dem lösungsfokussierten Ansatz gut vorankommen, tun Sie mehr davon!

Wenn Sie mit dem lösungsfokussierten Ansatz nicht vorankommen, tun Sie stattdessen etwas anderes!

Falls Ihnen das beides gelingt: Gratulation! Sie haben damit nicht nur zwei zentrale Grundannahmen des lösungsfokussierten Ansatzes verstanden und können sie anwenden, sondern Sie besitzen dazu noch die Fähigkeit, nicht zwanghaft lösungsfokussiert zu handeln! Dies nennt man Methodendistanz. Diese wiederum dürfte wohl eine der wichtigsten Fähigkeiten bei der Anwendung des lösungsfokussierten Ansatzes sein. Klingt paradox, meinen Sie? Macht nichts, ist so!

Übungsaufgaben zur Wiederholung und Vertiefung

1. Nennen Sie die drei Hauptsätze der lösungsfokussierten Ressourcendynamik!
2. Was ist im lösungsfokussierten Ansatz mit dem Begriff „Lösungen“ gemeint?
3. An welches Zitat des Dichters Erich Kästner erinnert der dritte Hauptsatz der lösungsfokussierten Ressourcendynamik?
4. Zu welcher Art von Gespräch soll der Klient im lösungsfokussierten Ansatz ermuntert und ermutigt werden?

(Die Lösungen zu den Übungsaufgaben finden Sie im Anhang.)

Arbeitsbögen mit starkem Bezug zum lösungsfokussierten Ansatz

Arbeitsbogen 1: Bewahrenswertes
Arbeitsbogen 2: Zufriedenheit, Teil 1
Arbeitsbogen 3: Schöne Situationen
Arbeitsbogen 4: Freudige Erlebnisse
Arbeitsbogen 5: Liebevolle Erlebnisse
Arbeitsbogen 7: Schwierige Situationen
Arbeitsbogen 8: Trauer
Arbeitsbogen 9: Angst
Arbeitsbogen 10: Ärger
Arbeitsbogen 11: Scham und Schuld
Arbeitsbogen 12: Zufriedenheit, Teil 2
Arbeitsbogen 13: Zehnjahresplan
Arbeitsbogen 14: Lebensbereiche
Arbeitsbogen 15: Widerstandsfähigkeit, Teil 2
Arbeitsbogen 20: Ziel-Spiel
Arbeitsbogen 25: Verbesserungen

2.2 Resilienz: Widerstandsfähigkeit

Begriffsbestimmung: Wenn hier in diesem Buch von Resilienz als Methode die Rede ist, dann ist damit immer die Anwendung der Ergebnisse der Resilienzforschung gemeint.

Im psychosozialen Bereich bezeichnet Resilienz die Fähigkeit, Lebenskrisen und Lebensrisiken ohne anhaltende Beeinträchtigungen durchzustehen und zu bewältigen. Dazu gehören zum Beispiel der Verlust von nahe stehenden Menschen, lange Arbeitslosigkeit, schwere Krankheiten und die Folgen schwerer Unfälle, aber auch Risikofaktoren wie z.B. Armut, Drogenkonsum und Gewalt. Auch die erfolgreiche Überwindung von traumatischen Erlebnissen ist ein Zeichen von Resilienz. Resilienz lässt sich also mit Zähigkeit oder Widerstandsfähigkeit übersetzen (Werner/Smith 2001; Wustmann 2004).

Umwelt-Faktoren, die Resilienz fördern: Zahlreiche Studien verweisen auf bestimmte Umwelt-Faktoren, die Resilienz fördern (Werner/Smith 2001, 152f.; Wustmann 2004, 85ff.; APA/Discovery Channel 2005; Henderson 2005), wie zum Beispiel:

- mindestens eine stabile Bezugsperson, die Hilfe und Unterstützung bereitstellt und menschliche Wärme, Nähe und Fürsorge vermittelt;
- hohe Erwartungen, Hoffnungen, Zuversicht und Zutrauen verbunden mit einem angemessenen Leistungsstandard;
- Möglichkeiten zu einer bedeutungsvollen und sinnvollen Teilhabe am Leben der Gemeinschaft;
- prosoziale Rollenmodelle, Normen und Werte;
- klare, transparente, verstehbare und beständige Grenzen, Regeln und Strukturen;
- Möglichkeiten zum Erwerb und zur Vermittlung von Alltagsfähigkeiten und Sozialkompetenz;
- positive Beziehungen zu Freunden und Gleichgesinnten.

Resilienz besteht also immer aus mehreren Faktoren. Viele Studien zeigen, dass der wichtigste Faktor dabei in unterstützenden Beziehungen zu nahe stehenden Bezugspersonen besteht. Hierbei kann es sich sowohl um Familienmitglieder als auch um Menschen außerhalb der eigenen Familie handeln. Beziehungen, die Liebe, Vertrauen, Vorbilder für soziale Rollen, Ermutigung, Akzeptanz und Sicherheit beinhalten, stärken die Resilienz.

Intrapersonale Resilienz-Faktoren: Darüber hinaus wird Resilienz natürlich auch durch Faktoren innerhalb der Person gefördert (Furman 2001; Werner/Smith 2001, 150f.; Wustmann 2004, 85ff.; APA/Discovery Channel 2005; Henderson 2005), wie zum Beispiel durch:

- die Fähigkeit, realistische Pläne zu machen und Schritt für Schritt zu verwirklichen;
- ein positives Selbstbild, Vertrauen in die eigenen Stärken und Fähigkeiten sowie hohe Selbstwirksamkeitsüberzeugungen;
- gute Fertigkeiten in den Bereichen Kommunikation, Problemlösung und Lernen;
- die Fähigkeit, mit starken Gefühlen und Impulsen klarzukommen, sowie Aktivität und Flexibilität bei der Bewältigung von Schwierigkeiten zu zeigen.

Alle diese hier genannten personenbezogenen Resilienz-Faktoren sind trainierbar. „Kann man üben!“ lautet also das Motto. Dieses Buch bietet insbesondere durch die Arbeitsbögen zahlreiche Möglichkeiten, das Training dieser Faktoren zu planen und zu dokumentieren.

Ressourcen- und lösungsfokussierte Anwendung: Die Anwendung der Ergebnisse der Resilienzforschung auf der individuellen Ebene erfolgt meist ressourcen- und lösungsfokussiert. Dabei geht es hauptsächlich um die Beantwortung von Fragen wie zum Beispiel (Wustmann 2004, 85ff.; APA/Discovery Channel 2005; Henderson 2005):

- Wie haben Sie es geschafft, in Ihrem Leben klarzukommen?
- Welches waren bisher die größten Herausforderungen in Ihrem Leben, die Sie erfolgreich bewältigt haben? Wie haben Sie das geschafft? Welche Fähigkeiten und Fertigkeiten haben Sie dazu genutzt? Welche Ihrer persönlichen Eigenschaften haben Ihnen dabei geholfen?
- Was nutzen Sie jeden Tag, um mit typischen Schwierigkeiten des Alltags fertig zu werden?
- Welche Ihrer persönlichen Beziehungen zu anderen Menschen vermitteln Ihnen am meisten Akzeptanz, Ermutigung und Unterstützung?
- An wen haben Sie sich in Krisenzeiten am liebsten gewandt, um Hilfe und Unterstützung zu bekommen?
- Was haben Sie in schwierigen Zeiten über sich selbst und Ihre Beziehungen zu anderen Menschen gelernt?
- Haben Sie schon einmal anderen Menschen geholfen, die in Schwierigkeiten waren? Wenn ja, inwiefern waren oder sind die dabei gesammelten Erfahrungen auch für Sie selbst hilfreich und nützlich?

- Was war in schwierigen Zeiten bereits nützlich, um mit mehr Hoffnung in die Zukunft zu blicken?

Die bei der Beantwortung dieser Fragen zutage geförderten Stärken und Ressourcen können genutzt werden, um anstehende Herausforderungen zu bestehen. In der Arbeit mit Klienten kann dies zum Beispiel durch folgenden Drei-Schritte-Prozess (Wustmann 2004, 85ff.; APA/Discovery Channel 2005; Henderson 2005; O`Gorman 2005) geschehen:

1. Beispiele für Situationen und Erlebnisse finden, in denen der Klient seine Resilienz in der Vergangenheit bereits gezeigt und genutzt hat, und ihn ermuntern und ermutigen, darüber zu erzählen.
2. Dem Klienten unter anderem mittels der durch Schritt Nr. 1 gesammelten Beispiele vermitteln, dass er bereits Widerstandsfähigkeit besitzt und diese auch bereits nutzt.
3. Den Klienten dabei unterstützen, seine Resilienz-Fähigkeiten bewusst zur Bewältigung derzeitig anstehender Herausforderungen und Schwierigkeiten einzusetzen.

Dieses Vorgehen kann auch dabei helfen, Risikofaktoren zu verringern. Hierum geht es unter anderem auch in Kapitel 2.3.

Widerstand würdigen: Die Resilienzforschung sagt Ihnen, wonach Sie inhaltlich suchen müssen, wenn Sie selbst bei persönlichen Problemen Hilfe und Unterstützung benötigen, oder anderen Menschen beim Finden der passenden Ressourcen helfen möchten.

Auch der Widerstand gegen Wünsche und Erwartungen des Beraters, Coaches oder Therapeuten kann unter Umständen eine Fähigkeit sein, die es zu würdigen gilt!

Übungsaufgaben zur Wiederholung und Vertiefung

1. Was bezeichnet der Begriff „Resilienz" im psychosozialen Bereich?
2. Nennen Sie die im Text genannten Umwelt-Faktoren, die Resilienz fördern!
3. Nennen Sie die im Text genannten personenbezogenen Resilienz-Faktoren!
4. Beschreiben Sie die einzelnen Schritte des Drei-Schritte-Prozesses, mit dem sich auf Resilienz bezogene Stärken und Ressourcen im Gespräch mit einem Klienten fördern lassen!

(Die Lösungen zu den Übungsaufgaben finden Sie im Anhang.)

Arbeitsbögen mit starkem Bezug zur Resilienz

Arbeitsbogen 1: Bewahrenswertes
Arbeitsbogen 2: Zufriedenheit, Teil 1
Arbeitsbogen 3: Schöne Situationen
Arbeitsbogen 4: Freudige Erlebnisse
Arbeitsbogen 5: Liebevolle Erlebnisse
Arbeitsbogen 6: Widerstandsfähigkeit, Teil 1
Arbeitsbogen 7: Schwierige Situationen
Arbeitsbogen 8: Trauer
Arbeitsbogen 9: Angst
Arbeitsbogen 10: Ärger
Arbeitsbogen 11: Scham und Schuld

2.3 Motivierende Gesprächsführung (Motivational Interviewing) und das Modell der Phasen der Veränderung

Grundlagen

Auswahl von Verhaltensmöglichkeiten: Die Motivierende Gesprächsführung geht auf William R. Miller und Stephen Rollnick zurück, die diese Methode entwickelt haben (Miller/Rollnick 2004). Sie beschäftigt sich mit unterschiedlichen Motivationslagen bei der Auswahl von Verhaltensmöglichkeiten. Dies kann sich grundsätzlich auf jedes Verhalten beziehen.

Der Anschaulichkeit halber wird dies hier am Beispiel eines starken Zigarettenrauchers erläutert. Die Verhaltensmöglichkeiten, die hier betrachtet werden, sind:

- Möglichkeit 1: Den Status Quo beibehalten, also weiterhin wie bisher rauchen.
- Möglichkeit 2: Den Zigarettenkonsum beenden, also Nichtraucher werden.

Die Entscheidungswaage: Von großer Bedeutung ist hierbei in der Motivierenden Gesprächsführung die genaue Betrachtung der Entscheidungswaage (Wessel/Westermann 2002, 163ff.; Miller/Rollnick 2004, 34) und ihrer einzelnen Komponenten (Abb. 1).

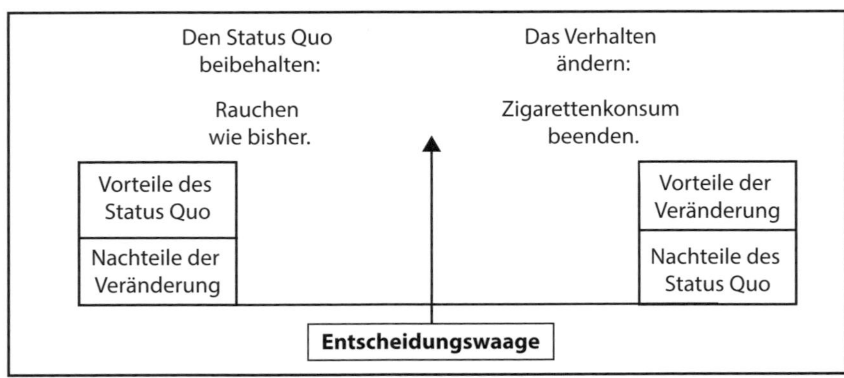

Abbildung 1: Entscheidungswaage (nach Miller/Rollnick 2004)

In der linken Waagschale liegen bei diesem Beispiel die Vorteile des Rauchens und die Nachteile des Nichtrauchens. In der rechten Waagschale liegen die Vorteile des Nichtrauchens und die Nachteile des Rauchens.

Je nachdem, welche Waagschale schwerer wiegt, schlägt nun der Zeiger der Waage, der die Motivationsrichtung anzeigt, entweder in Richtung Rauchen oder in Richtung Nichtrauchen aus.

Die Phasen der Veränderung: Der Zeiger der Waage steht dabei selten ruhig, sondern ist fast immer in Bewegung. Eine mögliche Bewegung des Motivationszeigers der Entscheidungswaage könnte z.B. ein sehr weiter Schwenk von der ganz linken Seite zur ganz rechten Seite sein, also vom extremen Kettenrauchen zum absoluten Nichtrauchen.

Dieser Schwenk lässt sich mit Hilfe des Modells der Phasen der Veränderung von Prochaska und DiClemente (Keller et al. 1999, 17ff.; Wessel/Westermann 2002, 231ff.) darstellen, das häufig mit der Motivierenden Gesprächsführung verknüpft wird. Es unterteilt den Veränderungsprozess in folgende sechs Phasen:

1. Absichtslosigkeit (Precontemplation)
2. Absichtsbildung (Contemplation)
3. Vorbereitung (Preparation)
4. Handlung (Action)
5. Aufrechterhaltung (Maintenance)
6. Beendigung (Termination)

Phase 1 – Absichtslosigkeit (Precontemplation)

In dieser Phase besteht der Status Quo oder das Problemverhalten unverändert. Eine Veränderung ist auch nicht beabsichtigt. Der Zeiger der Entscheidungswaage zeigt einen deutlichen Ausschlag in Richtung des Status Quo. Die Motivationslage des Klienten ist gekennzeichnet durch:

- Nichtwahrnehmung des Problems
- Rationalisierung als Abwehr gegen Veränderung
- Resignation
- Auflehnung
- Widerstand

Mögliche Strategien in Richtung einer Veränderung können in dieser Phase sein:

- Wahrnehmung von für die Veränderung förderlichen Umweltbedingungen,
- eine Steigerung des Problembewusstseins.

Dies kann unterstützt werden,

- indem Zweifel am momentanen Verhalten geweckt werden und
- die Wahrnehmung von Risiken und Gefahren des Problemverhaltens erhöht wird.

Klienten, die sich in dieser Phase befinden, sind häufig so genannte unfreiwillige Klienten. Ihr Lieblingssatz in Bezug auf ihre problematischen Verhaltensweisen ist: „Ich habe kein Problem!".

Wechseln wir zur Verdeutlichung kurz das Beispiel und wählen statt eines Kettenrauchers einen Alkoholiker! Dieser könnte sich zur Beratung oder Therapie genötigt fühlen (Prochaska/Norcross 2002, 303), zum Beispiel:

- durch einen Arbeitgeber, der den Alkoholkonsum des Klienten während der Arbeit nicht (mehr) duldet,
- von einer Ehefrau, die mit Scheidung droht, „wenn die Sauferei nicht aufhört",
- durch ein Gericht, das eine Entwöhnungstherapie zur Bewährungsauflage gemacht hat oder
- durch alle drei der hier genannten oder noch mehr oder andere Faktoren gleichzeitig.

Wird der Kettenraucher aus unserem eingangs erwähnten Beispiel zur Beratung geschickt, dann wird er wohl in der Regel weniger Sanktionen zu befürchten haben als ein Alkoholiker. Sein Gefühl, von anderen Menschen zur Veränderung genötigt zu werden, wird jedoch ähnlich sein, sofern er sich in der Phase der Absichtslosigkeit befindet.

In vielen Arbeitsfeldern werden Sie (fast) ausschließlich sogenannten unfreiwilligen Klienten begegnen. Man kann ihn sich jedenfalls nur schwer vorstellen, den Klienten, der freudestrahlend jubelt: „Oh, ja, prima! Jetzt ziehe ich in ein betreutes Wohnheim! Da wollte ich ja schon immer hin!" oder „Mensch, klasse! Heute Nachmittag habe ich noch nichts vor. Da begebe ich mich doch einfach mal in Therapie!"

Merke: Freiwillige Klienten sind in vielen Arbeitsfeldern ein Mythos, zumindest was ihr subjektives Erleben angeht. Klienten fühlen sich in der Regel durch innere oder äußere Umstände bzw. inneren oder äußeren Druck zur Annahme der Hilfe gedrängt, wenn nicht sogar gezwungen.

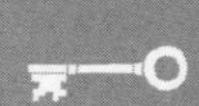

Dies ist Teil des Wesens des Klienten-Status (Szasz 1978, 37f., 204ff. Daher z.B. in Bezug auf den o.g. Druck auch die metaphorische Frage des Helfers an den Klienten: „Wo drückt denn der Schuh?“). Etwas überspitzt gesagt, lautet die dazugehörige Formel: Klient-Sein und Freiwilligkeit schließen sich gegenseitig aus. Auf die Frage des Arztes oder Psychotherapeuten „Was führt Sie zu mir?“ antwortet ja schließlich wohl auch kaum jemand: „Ich mich selbst! Ich komme aus freien Stücken zu Ihnen. Nichts und niemand drängt mich dazu“.

In jeder einzelnen Phase des o.g. Modells bietet sich jeweils eine bestimmte Helferrolle an (Prochaska/Norcross 2003, 535f.). Jemand, der einem Menschen in Phase 1 bei der Veränderung helfen möchte, befindet sich hier häufig in der Rolle eines Elternteils, der seinem Kind zu mehr Freiheit, Selbständigkeit, Selbstverantwortung und Verantwortung für andere verhelfen will. Das Kind ist jedoch (noch) widerspenstig und hat Angst davor, unabhängiger zu werden. Der Klient benötigt in dieser Phase viel Struktur und Hilfe vom Gesprächsleiter, um sich mit seinen Abwehrstrategien auseinanderzusetzen.

Falls Sie in einem Arbeitsbereich tätig sind, in dem Sie überwiegend Klienten in der Phase der Absichtslosigkeit, d.h. häufig sogenannten unfreiwilligen Klienten begegnen, sorgen Sie am besten frühzeitig für eine ausgezeichnete eigene Psychohygiene! Sie werden viel Leid und Elend zu sehen, zu hören, und zu riechen bekommen. Wichtig dabei für Sie selbst ist: Lassen Sie Ihrem Klienten seine Absichtslosigkeit, wenn er sie partout nicht hergeben will! Es ist sein gutes Recht, absichtslos zu sein, und es ist das gute Recht seines Arbeitgebers, seiner Ehefrau oder des Gerichts, Konsequenzen daraus zu ziehen.

Daher also Achtung: Klienten in der Phase der Absichtslosigkeit sind oftmals gar nicht absichtslos, sondern sie haben häufig nur andere Absichten als ihr soziales Umfeld! Dem Helfer bleiben einem solchen Klienten gegenüber deshalb oft nur die Aufgaben,

- sich selbst und andere so gut es geht zu schützen,
- die Gegenwart des Klienten irgendwie auszuhalten und
- den durch den Klienten verursachten Schaden zu begrenzen!

Besonders Sozialpädagogen und Sozialarbeiter sollten sich in diesem Zusammenhang stets der Tatsache bewusst sein, dass sie immer eine helfende und eine kontrollierende Berufsrolle auszufüllen haben, dass sie in der Ausübung ihres Berufes also immer gleichzeitig Helfer und Kontrolleur sind. Seien Sie sich deshalb klar darüber, dass der Klient Sie und Ihre Hilfe eventuell als Bedrohung erlebt!

Manchmal können Sie allerdings auch mit solchen Klienten ins Geschäft kommen, und zwar indem Sie deren Absichten und Motive mit den Absichten und Motiven des sozialen Umfeldes verknüpfen. Dies kann z.B. durch folgende Art von Fragen geschehen (Kähler 2005, 101ff.):

- Was müssten wir hier in der Beratung zusammen erreichen, damit Ihr Arbeitgeber Sie nicht entlässt?
- Was müssten Sie tun, damit Ihre Frau sich nicht von Ihnen scheiden lässt?
- Was müsste passieren, damit das Gericht, das Ihnen die Entwöhnungstherapie zur Bewährungsauflage gemacht hat, zufrieden ist und Sie in Ruhe lässt?
- Was denken Sie, unter welchen Umständen müssten Sie nicht mehr hierher zur Therapie kommen? Was müssten Sie ändern, damit Sie nicht mehr hierher kommen müssen?

Geht der Klient darauf ein, dann kann aus Absichtslosigkeit gegenüber der Veränderung zumindest schon einmal Ambivalenz werden. Dadurch würde der Klient von der Phase der Absichtslosigkeit in die Phase der Absichtsbildung bzw. Nachdenklichkeit (Contemplation, siehe Phase 2) gelangen.

Hieran wird auch folgendes deutlich: Motivation spielt sich zwischen den Verhandlungspartnern ab! Sie wird in der Motivierenden Gesprächsführung nicht als Eigenschaft oder Zustand einer einzelnen Person gesehen, sondern als interpersoneller, interaktiver Prozess.

Merke daher: Motivation liegt nicht in der Person, sondern in der Interaktion!

Phase 2 – Absichtsbildung (Contemplation)

Diese Phase wird auch als Phase der Nachdenklichkeit beschrieben. Das Problemverhalten besteht zwar noch immer unverändert, aber nicht mehr vollkommen unhinterfragt. Eine Veränderung in etwa einem Monat bis sechs Monaten wird eventuell in Erwägung gezogen. Der Zeiger der Entscheidungswaage schwankt zwischen Status Quo und Veränderung hin und her.

In dieser Phase herrscht Ambivalenz. Die Person ist hin- und hergerissen. Vor- und Nachteile der verschiedenen Möglichkeiten werden abgewogen, eventuell wird eine Kosten-Nutzen-Bilanz gezogen (siehe auch Arbeitsbogen 16, Entscheidungswaage). In dieser Phase ist die betroffene Person offen für Informationen.

Emotionales Erleben, wie z.B. Betroffenheit, Scham oder Wut auf sich selbst, wenn z.B. die Tatsache, ein Kettenraucher zu sein, nicht mehr ins Selbstbild von einem gesunden, körperlich fitten und unabhängigen Menschen passt, kann in dieser Phase in Richtung Veränderung motivieren. Eine damit einhergehende Selbstneubewertung und eine Neubewertung der persönlichen Umwelt können die Veränderung begünstigen. Dies kann unterstützt werden durch

- die Erforschung der Gründe für die Veränderung,
- das Herausarbeiten der Risiken des Problemverhaltens und
- die Stärkung der Zuversicht und der Selbstwirksamkeitserwartung für eine erfolgreiche Veränderung.

Die Rolle des helfenden Beraters, Therapeuten, Coaches etc. ist hier die eines Mentors, der den betroffenen Klienten mittels Klientenzentrierter Gesprächsführung (Weinberger 1998) und Sokratischen Dialogen (Stavemann 2002) ermutigt, mehr Einsicht in die aktuelle Situation und die Bedeutung der anstehenden Entscheidungen zu erlangen. Dadurch, dass der Klient in der Phase der Absichtsbildung psychisch häufig sehr offen und arbeitsbereit ist, muss der Helfende hier meistens sehr viel weniger vorstrukturieren als noch in Phase 1.

Fallbeispiel: Nachteile des Alkoholmissbrauchs

In der Therapie-Vorbereitungsgruppe einer Beratungsstelle für Abhängigkeitskranke werden an einem Abend die subjektiven Vor- und Nachteile des Alkoholkonsums systematisch gesammelt und analysiert. Herr

W. berichtet dabei von negativen Erfahrungen mit seinem langjährigen Alkoholmissbrauch.

Herr W.: Sehr schlimm war auch die Unehrlichkeit, die ich immer stärker bei mir selbst festgestellt habe. Irgendwie ging es immer mehr darum, das Saufen irgendwie zu vertuschen und vor Anderen zu verbergen. Ein richtiges Versteckspiel. Ich wurde insgesamt immer unruhiger und die Gedanken kreisten schließlich fast nur noch um den Alkohol. Es ist schon erstaunlich, wie lange ich dieses Versteckspiel gespielt habe.

Therapeut: Und was hat Sie schließlich in die Suchtberatungsstelle geführt?

Herr W.: Das waren die körperlichen Folgen. Den Wendepunkt brachte der Krampfanfall. Ich bekam ihn, als ich gerade im Supermarkt mehrere Flaschen Korn kaufen wollte. An der Kasse verlor ich dass Bewusstsein, krampfte auf dem Fußboden und wurde schließlich mit dem Krankenwagen in die Klinik gebracht. Der dortige Sozialdienst hat mir einen Beratungstermin in der Suchtberatungsstelle besorgt. Der Anfall hat mich sehr geschockt. Das möchte ich nicht noch einmal erleben.

Phase 3 – Vorbereitung (Preparation)

In dieser Phase besteht das Problemverhalten zwar noch, aber es ist bereits eine Änderung innerhalb der nächsten etwa 30 Tage beabsichtigt. Die Entscheidungswaage schwankt immer noch um die Mitte hin und her, zeigt aber gelegentlich deutliche Ausschläge in Richtung Veränderung.

Der Entscheidungsprozess ist zwar noch nicht abgeschlossen, und die konkrete Art und Weise der Veränderung, also der Veränderungsplan, ist noch offen, aber die Person ist innerlich bereits „auf dem Sprung“ in Richtung Veränderung.

Beziehungen zu nutzen, die für die Veränderung hilfreich sein können, und eine klare Selbstverpflichtung können hier in Richtung Veränderung wirken.

Die Unterstützung beim Herausfinden der besten Veränderungsstrategie kann in dieser Phase besonders hilfreich sein.

Die Helferrolle gleicht hier am ehesten der eines erfahrenen Trainers, der schon mit vielen Klienten „durch dick und dünn" gegangen ist und konkrete Vorschläge bei der Handlungsplanung (Kapitel 6) anbieten kann.

Fallbeispiel: Wieder selbständig wohnen wollen

Herr T. lebt seit 3 Jahren in einem betreuten Wohnheim für psychiatrisch Erkrankte. Bereits seit 2 Jahren spricht er oft davon, dass er wieder in eine eigene Wohnung ziehen möchte. Über Internet und Tageszeitung beginnt er nun, gezielt Wohnungen im näheren Umkreis zu suchen. Sein Betreuer zeigt ihm, wie die Recherche im Internet funktioniert und Begleitet Herrn T. bei den ersten Wohnungsbesichtigungen. Nach etwa vier Wochen ist Herr T. in der Lage, seine Wohnungssuche alleine fortzusetzen.

Phase 4 – Handlung (Action)

Das Problemverhalten oder der ursprüngliche Status Quo bestehen in dieser Phase seit weniger als etwa 6 Monaten nicht mehr. Die Entscheidungswaage zeigt einen Ausschlag in Richtung Veränderung, und die Veränderung findet somit statt.

Die betroffene Person zeigt in dieser Phase konkrete Veränderungshandlungen, z.B. indem sie nun wirklich nicht mehr raucht. Dadurch, dass die Veränderung jetzt gelegentlich wie von selbst abläuft, besteht allerdings die Gefahr, nachlässig zu werden und in das alte Problemverhalten zurückzufallen, was dann leicht zu Resignation führen könnte.

Die explizite Bekräftigung oder Verstärkung in die eingeschlagene Veränderungsrichtung ist in dieser Phase eine nützliche Strategie. Sie hilft bei der Gegenkonditionierung gegen das ursprüngliche Problemverhalten. Die Kontrolle der Umwelt, z.B. indem man alle Aschenbecher und Zigaretten aus dem Haus oder der Wohnung verbannt, ist eine weitere nützliche Maßnahme.

Andere Personen können in dieser Phase am besten helfen, indem sie konkrete Unterstützung bei wichtigen einzelnen Veränderungsschritten geben.

Daher ist die Helferrolle in dieser Phase die eines Beraters, der sein Expertenwissen sowie seine Erfahrung und Unterstützung zur Verfügung stellt, sobald der Veränderungsprozess ins Stocken gerät oder nicht mehr ganz so „geschmiert“ abläuft wie geplant.

Die Handlungsphase wird häufig als eine der kürzesten aber auch labilsten Phasen des Modells der Phasen der Veränderung beschrieben.

Fallbeispiel: Hr. T. zieht in eine eigene Wohnung

Herr T. aus dem o.g. Beispiel findet schließlich eine Wohnung. Sein Betreuer hilft ihm beim Verstehen des Mietvertrages, der Eröffnung eines Girokontos und der Beantragung einer Erstausstattung für die Wohnung. Gleichzeitung fördert er aber auch Herrn T.'s Eigenbeteiligung, indem er ihn zur Renovierung eines Teils der Wohnung motiviert.

Phase 5 – Aufrechterhaltung (Maintenance)

In dieser Phase hat die Veränderung bereits stattgefunden. Das Problemverhalten besteht bereits seit mehr als etwa 6 Monaten nicht mehr. Die Entscheidungswaage zeigt einen deutlichen Ausschlag in Richtung der ursprünglich angestrebten und jetzt erreichten Veränderung.

Die Person entwickelt in dieser Phase oft einen starken Optimismus, die Veränderung aufrechterhalten zu können. Dies macht allerdings auch die Aufgabe von Vorsichtsmaßnahmen wahrscheinlich und erhöht dadurch die Gefahren für einen Rückfall.

Die Strategien zur Aufrechterhaltung der Veränderung und die Helferrolle sind hier dieselben wie in Phase 4.

Darüber hinaus kann in der Aufrechterhaltungsphase die Unterstützung beim Finden und Verankern von Strategien, die einem Rückfall vorbeugen, besonders hilfreich sein.

Ein Rückfall in das alte Problemverhalten oder den alten Status Quo bedeutet immer auch einen Rückfall in eine der Phasen 1 bis 3 mit ihren jeweiligen Motivationslagen, Strategien, Unterstützungsmöglichkeiten und Helferrollen.

Fallbeispiel: Eine Selbsthilfegruppe zur Unterstützung

Frau G. entschließt sich dazu, nach ihrer stationären Alkohol-Entwöhnungstherapie eine ambulante Nachsorgegruppe zu besuchen. Dort betont sie die Wichtigkeit sozialer Kontakte, die sie in ihrer Abstinenz unterstützen.

Frau G.: Früher hatte ich ja nur Freunde und Bekannte, die auch gesoffen haben. Ich bin jetzt dabei, mir einen neuen Freundeskreis aufzubauen. Das ist echt schwer!

Therapeut: Und was hilft Ihnen dabei?

Frau G.: Am meisten hilft die Selbsthilfegruppe. Da gehe ich jetzt jeden Montag hin. Manchmal ist das zwar auch sehr öde, aber da weiß ich wenigstens, dass ich Menschen treffe, die auch trocken sein wollen. Das hilft schon ein bisschen.

Phase 6 – Beendigung (Termination)

In dieser Phase ist man „mit der Sache durch“. Es besteht keine Rückfallgefahr mehr, so dass auch keine Energie mehr zur Rückfallverhütung eingesetzt werden muss. Das neue Verhalten ist „in Fleisch und Blut übergegangen“. Der Zeiger der Entscheidungswaage zeigt überdeutlich in Richtung der angestrebten und jetzt erreichten Veränderung und ist in dieser Position eingerastet. Die ursprünglich angestrebte und jetzt erreichte Veränderung hat sich sozusagen chronifiziert.

Dass jemand die Phase der Beendigung erreicht hat, ist vor allem daran zu erkennen, dass (Prochaska et al. 2002, 276ff.)

- er ein neues Selbstbild aufgebaut und etabliert hat,
- es für ihn überhaupt keine Situationen mehr gibt, in denen ein Verlangen nach dem ursprünglichen Problemverhalten auftritt,
- ein hohes Selbstbewusstsein und eine solide Selbstsicherheit und Selbsteffizienz bezüglich der Aufrechterhaltung des veränderten Verhaltens bestehen und

- er nicht nur sein Verhalten, sondern seinen ganzen Lebensstil verändert hat.

In dieser Phase haben das neue Selbstbild, das neue Selbstbewusstsein und der neue Lebensstil die Helferrolle übernommen. Sie unterstützen den Klienten fortwährend dabei, das veränderte Verhalten aufrechtzuerhalten.

Fallbeispiel: Das neue Leben des Herrn R.

Herr R. war in seiner Jugend und als junger Erwachsener oft in Ladendiebstähle verwickelt. Er hat wegen dieser Delikte auch schon eine Haftstrafe verbüßt. Grundsätzlich distanzieren von seinem kriminellen Lebensstil konnte er sich aber erst durch die Beziehung zu seiner Freundin, die er nach seiner Haft kennen gelernt hat. Inzwischen ist er mit ihr verheiratet und sie haben gemeinsam 2 Kinder. Bei einem Spaziergang im Park trifft er zufällig seinen ehemaligen Bewährungshelfer und kommt mit ihm ins Gespräch.

Bewährungshelfer: Und wie konnten Sie sich schließlich aus Ihrer alten Clique und den damit zusammenhängenden Diebstählen lösen?

Herr R.: Durch meine Frau, d.h. damals war sie ja erst noch meine Freundin. Ich wusste: Beides geht nicht. Wenn ich mich nicht aus meiner Clique und der Kriminalität lösen kann, würde ich meine Freundin verlieren. Sie würde meinen alten Lebensstil nicht tolerieren, und dafür bin ich ihr unendlich dankbar. Jetzt halten meine Frau und meine beiden Kinder mich aufrecht. Ich lebe hauptsächlich für meine Familie und bin dankbar dafür, dass ich sie habe.

Bewährungshelfer: Was hat diesen Wandel noch unterstützt?

Herr R.: Das weiß ich ehrlich gesagt gar nicht so genau. Es gab irgendwann einen Moment, da war mein altes Leben einfach vorbei. Ich kann es nicht genau erklären, und es fällt mir sogar schwer, es zu beschreiben, aber irgendwie wusste ich auf einmal: Es geht nicht mehr zurück. So als wäre eine Brücke hinter mir verbrannt und zusammengestürzt. Mein altes Leben hatte aufgehört und etwas Neues hatte begonnen. Wie eine Geburt in ein neues Leben hinein. Nach der Geburt gibt es ja auch kein Zurück mehr.

Ob diese Phase grundsätzlich bei allen Verhaltensänderungen erreichbar ist, ist umstritten. So wird beispielsweise im Suchthilfebereich häufig davon ausgegangen, dass selbst ein Jahrzehnte lang abstinent lebender Suchtkranker aufgrund seines „Suchtgedächtnisses" niemals in Phase 6 gelangen kann. Er müsse, wie der (ehemalige) Kettenraucher in unserem Beispiel, sein Leben lang aktiv Rückfallvorbeugung betreiben, um weiterhin dauerhaft suchtmittelabstinent leben zu können. Für andere überwundene Schwierigkeiten, wie z.B. eine abgeklungene Depression, wird zum Teil Ähnliches vermutet.

Besonderheiten der Motivierenden Gesprächsführung in den einzelnen Phasen der Veränderung

Wie aus der Beschreibung der einzelnen Phasen ersichtlich, kommen in jeder Phase unterschiedliche Strategien und Unterstützungsmöglichkeiten zum Tragen, die jeweils genau auf die Motivationslage des Klienten in der jeweiligen Phase abgestimmt sind. Da die Motivierende Gesprächsführung dies berücksichtigt, ist sie einerseits sehr offen und klientenzentriert, andererseits aber auch sehr strukturiert und zielgerichtet. Dies gibt ihrem Anwender viel Freiraum und gleichzeitig Orientierung und Halt. Dabei trägt die Motivierende Gesprächsführung der häufig vorhandenen Ambivalenz des Klienten bezüglich anstehender Veränderungen ausreichend Rechnung.

Wichtigkeit, Zuversicht und Bereitschaft: Beim Durchlaufen der Phasen der Veränderung, von der jede einzelne von wenigen Sekunden bis zu mehreren Jahrzehnten dauern kann, spielen folgende drei Aspekte immer wieder eine zentrale Rolle:

- die **Wichtigkeit** der Veränderung;
- die **Zuversicht**, die Veränderung zu erreichen und zu erhalten;
- die **Bereitschaft**, selbst aktiv etwas für das Erreichen oder die Aufrechterhaltung der Veränderung zu tun.

Der Zusammenhang zwischen diesen drei Aspekten ist in Abbildung 2 dargestellt.

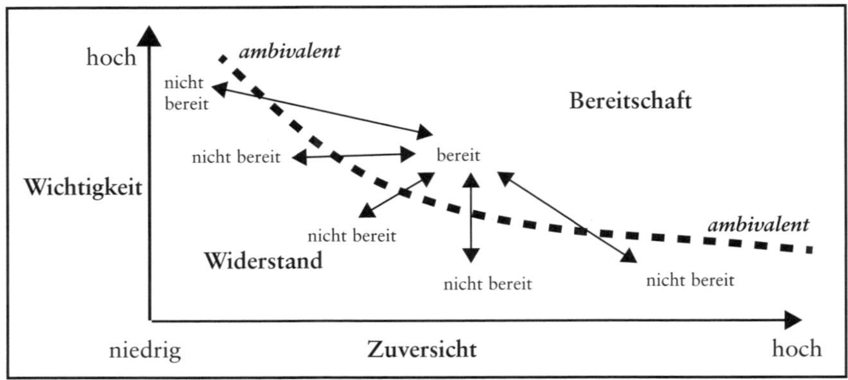

Abbildung 2: Wichtigkeit, Zuversicht, Bereitschaft (nach Rollnick et al. 1999)

Erst wenn Wichtigkeit und Zuversicht hoch genug sind, so dass ihr Schnittpunkt oberhalb der (in Abbildung 2 gestrichelt dargestellten) Linie der Ambivalenz liegt, gibt es eine Bereitschaft zur Veränderung.

In der Sprache des Klienten und bei der Selbstexploration lauten diese drei Komponenten:

- **Ist es mir wichtig?** (Wichtigkeit, Arbeitsbogen 17)
- **Kann ich?** (Zuversicht, Arbeitsbogen 18)
- **Will ich?** (Bereitschaft, Arbeitsbogen 19).

Dies sind die drei entscheidenden Fragen, die man für sich selbst mit „ja" beantworten muss, wenn es in der eigenen Sache vorangehen soll. Umgekehrt heißt das dann natürlich, dass es nicht vorangehen wird, solange mindestens eine dieser drei Fragen (noch) mit „nein" beantwortet wird, wobei „beantwortet" hier das Handeln meint und nicht das Sprechen. Es geht also immer darum, was jemand gemäß seiner Handlungen auf diese Fragen antwortet und nicht um das, was er verbal dazu äußert. Also: Folgen Sie Ihren Absichten! ... oder wie man in England sagt: „Walk Your Talk!".

Die „Talks" in der Motivierenden Gesprächsführung: Der verbale erste Schritt kann allerdings auch ein erster Schritt in Richtung zum ersten Handlungsschritt sein. Um die Bereitschaft zur Veränderung zu wecken, aufrechtzuerhalten und zu fördern, wird der Klient daher ermuntert und ermutigt, folgende Arten von Gesprächen zu führen (Miller/Rollnick 2004):

- **Change-Talk:** Der Klient spricht positiv (bejahend) über die Veränderung.
- **Importance-Talk:** Der Klient spricht positiv (bejahend) über die Wichtigkeit der Veränderung.
- **Confidence-Talk:** Der Klient spricht positiv (bejahend) über seine Zuversicht bezüglich der Veränderung.
- **Readiness-Talk:** Der Klient spricht positiv (bejahend) über seine Bereitschaft, selbst aktiv etwas für die Veränderung zu tun.

Change-Talk mit seinen Komponenten Importance-Talk, Confidence-Talk und Readiness-Talk ist das Gegenteil von Problem-Talk, der gelegentlich auch als Widerstand bezeichnet wird.

Im Verlauf des Gesprächs wird der Berater oder Therapeut dem Klienten also z.B. folgende Arten von Fragen stellen:

- Anhand meiner bisherigen Informationen über Sie könnte ich mir vorstellen, dass Ihr Kettenrauchen oder Ihre aktuellen Atemprobleme ein wichtiges Thema für Sie sein könnten, aber welches Thema liegt zur Zeit aus Ihrer Sicht bei Ihnen oben auf? Worüber möchten Sie heute vorrangig sprechen?
- Wie wichtig (z.B. auf einer Skala von 1 bis 10) ist es Ihnen, Ihr Ziel zu erreichen (z.B. mit dem Rauchen aufzuhören)?
- Wie zuversichtlich (z.B. auf einer Skala von 1 bis 10) sind Sie, Ihr Ziel zu erreichen?
- Wie hoch ist Ihre Bereitschaft (z.B. auf einer Skala von 1 bis 10), den nächsten konkreten Schritt in Richtung Ihres Zieles zu gehen?

Zwischendurch wird der Berater oder Therapeut sich dabei immer wieder vergewissern, wie der Klient das bisherige Gespräch aufgenommen und verarbeitet hat:

- Wenn Sie innehalten und unser heutiges Gespräch noch einmal kurz Revue passieren lassen: Wo stehen Sie dann jetzt gedanklich (oder gefühlsmäßig) in Bezug auf Ihr Problem (oder Ihr Ziel)?

Gesprächsführungsstrategien und Grundannahmen: Damit der Klient auf diese Weise Wichtigkeit (Importance), Zuversicht (Confidence) und Bereitschaft (Readiness) im Gespräch immer mehr entdecken, erforschen und gegebenenfalls fördern kann, empfehlen sich für seinen Gesprächspartner folgende übergeordnete Gesprächsführungsstrategien (Miller/Rollnick 2004, 240):

- weniger reden als der Klient;
- offene Fragen (Fragen, auf die man nicht mit „ja“ oder „nein“ antworten kann und auf die es keine von vornherein festgelegte richtige Antwort gibt) so stellen, dass sie Change-Talk, Importance-Talk, Confidence-Talk und Readiness-Talk des Klienten fördern;
- insgesamt wenig Fragen stellen, sondern stattdessen die Gesprächsanteile des Klienten so reflektieren, zusammenfassen und ergänzen, dass Change-Talk, Importance-Talk, Confidence-Talk und Readiness-Talk des Klienten dadurch gefördert werden.

Der Gesprächspartner des Klienten richtet sein Verhalten also kontinuierlich darauf aus, Change-Talk beim Klienten hervorzurufen und zu fördern. Je mehr Change-Talk der Klient zeigt, desto „richtiger“ im Sinne der Motivierenden Gesprächsführung ist das Verhalten seines Gesprächspartners. Dabei hält sich der Gesprächspartner des Klienten immer folgende Grundsätze vor Augen:

- Der Klient hat seine eigenen Ressourcen, Stärken und Möglichkeiten, die für die Veränderung genutzt werden können und sollten.
- Der Klient legt Ziel, Zeitpunkt, Ort, Umfang etc. der Veränderung selbst fest.
- Nur der Klient selbst kann sich selbst verändern; der Gesprächsleiter kann die Veränderung nicht steuern, sondern dazu lediglich etwas beisteuern oder beitragen (Loth 1998; 2000; 2003). Aus biologischer Sicht ist dies auch gar nicht anders möglich (Maturana/Varela 2012, 185).

Das heißt, auch hier sollte jede Intervention an die Änderungstheorie des Klienten (Duncan et al. 1998; Hubble et al. 2001; Duncan/Miller 2003, 123ff.; 2005; Duncan et al. 2004, 119ff.;Duncan 2005, 87ff.) anknüpfen.

Motivieren versus Grenzen setzen: Die Motivierende Gesprächsführung und das Modell der Phasen der Veränderung machen deutlich, welches Vorgehen bei welchen Motivationslagen sinnvoll, geeignet und Erfolg versprechend ist. Häufig geht es gerade im pädagogischen und therapeutischen Alltag jedoch nicht um Motivation, sondern um Begrenzung. Wenn Sie Grenzen setzen müssen, lassen Sie die Motivierende Gesprächsführung einfach weg!

Übungsaufgaben zur Wiederholung und Vertiefung

1. Zeichnen und beschriften Sie eine Entscheidungswaage mit all ihren Komponenten!
2. Nennen Sie die einzelnen Phasen des Modells der Phasen der Veränderung nach Prochaska und DiClemente!
3. Wie lautet der Lieblingssatz so genannter unfreiwilliger Klienten in Bezug auf ihre problematischen Verhaltensweisen?
4. An welchen Merkmalen kann man erkennen, dass jemand die letzte Phase des Modells der Phasen der Veränderung nach Prochaska und DiClemente erreicht hat?

(Die Lösungen zu den Übungsaufgaben finden Sie im Anhang.)

Arbeitsbögen mit starkem Bezug zur Motivierenden Gesprächsführung

Arbeitsbogen 12: Zufriedenheit, Teil 2
Arbeitsbogen 13: Zehnjahresplan
Arbeitsbogen 16: Entscheidungswaage
Arbeitsbogen 17: Wichtigkeit
Arbeitsbogen 18: Zuversicht
Arbeitsbogen 19: Bereitschaft
Arbeitsbogen 21: Ziele-Matrix
Arbeitsbogen 23: Veränderungsplan

2.4 Case Management

Herkunft und Zielsetzung: Case Management ist ein Verfahren, das hilfebedürftigen Menschen Zugang zu Ressourcen verschaffen und gleichzeitig diese Ressourcen sicherstellen soll. Es wurde Ende der 1970er Jahre von Sozialdiensten in den USA entwickelt und verbindet Einzelfallhilfe mit sozialer Netzwerkarbeit. Hauptziel ist dabei, möglichst passgenaue Hilfen für individuelle Problemlagen zu finden und die dazu nötigen Ressourcen unter vertretbarem Mitteleinsatz zur Verfügung zu haben (Galuske 2001, 195ff.).

Die fünf Phasen des Case-Management-Prozesses

Der Case-Management-Prozess verläuft in folgenden fünf Phasen (Galuske 2001, 196; Neuffer 2005, 51ff.):

1. Kontaktaufnahme,
2. Assessment sowie Problem- und Ressourcenanalyse,
3. Zielvereinbarung sowie Hilfe- und Veränderungsplanung,
4. Durchführung inklusive Vermittlung, Organisation, Koordination und Verlaufsbeobachtung bzw. Monitoring,
5. Re-Assessment, Evaluation und gegebenenfalls Beendigung der Zusammenarbeit.

Phase 1 – Kontaktaufnahme: Die Kontaktaufnahme kennzeichnet den Beginn der Arbeitsbeziehung zwischen Klient und Case Manager. Sie beinhaltet ein Erstgespräch, das unter anderem einer ersten vorläufigen Einschätzung der Problemlage dient sowie der Klärung von Erwartungen und der Information über mögliche Hilfen.

Phase 2 – Assessment sowie Problem- und Ressourcenanalyse: In der Phase des Assessments sowie der Problem- und Ressourcenanalyse geht es darum, ein möglichst klares Profil der vorhandenen Schwierigkeiten und Ressourcen zu erstellen. Hiefür werden Einschätzungen und Prognosen des Klienten und des Case Managers sowie eventuell der Angehörigen des Klienten, sonstiger Bezugspersonen (z.B. gesetzlicher Betreuer) und weiterer beteiligter Personen oder Institutionen gesammelt, bewertet und zusammengefasst.

Phase 3 – Zielvereinbarung sowie Hilfe- und Veränderungsplanung: In der Zielvereinbarung werden die Ziele der Hilfestellung, der Hilfebedarf, die Indikatoren für den Erfolg der Hilfen und die Maßnahmen zur Zielerreichung festgeschrieben. Die Zielvereinbarung ist eine verbindliche schriftliche Regelung, die in einem Hilfe-, Förder- oder Veränderungsplan (Arbeitsbogen 23) dann noch weiter ausdifferenziert werden kann.

Phase 4 – Durchführung inklusive Vermittlung, Organisation, Koordination und Verlaufsbeobachtung bzw. Monitoring: In dieser Phase werden die zuvor vereinbarten Maßnahmen durchgeführt, koordiniert und kontrolliert. Hierbei geht es unter anderem darum, möglichst kontinuierlich und möglichst genau festzustellen, inwieweit die Folgen der einzelnen Hilfemaßnahmen den vereinbarten Zielen entsprechen, um möglichst genaue Daten zur Steuerung des Hilfeprozesses zu erhalten.

Phase 5 – Re-Assessment, Evaluation und gegebenenfalls Beendigung der Zusammenarbeit: Diese Phase könnte man auch als Auswertungsphase bezeichnen. Hierbei geht es um eine Beurteilung der Hilfemaßnahmen und ihrer Ergebnisse durch alle Beteiligten, die Entscheidung über Fortsetzung oder Beendigung der Zusammenarbeit, die Ermittlung des Verhältnisses von Aufwand und Erfolg sowie eine Prüfung des beteiligten Hilfesystems auf seine Effizienz und auf eventuell vorhandene Defizite.

Case Management als Problemlöseschema

Damit entspricht der Case-Management-Prozess weitgehend gängigen allgemeinen Problemlöseschemata, wie sie zum Beispiel auch in der Verhaltenstherapie, in verschiedenen Qualitätsmanagementsystemen (QM) und in vielen anderen Bereichen verwendet werden. Im Case Management zielt dieser Ablauf darauf ab, die Verbesserung des Zugangs einzelner Personen sowohl zu ihren eigenen individuellen Ressourcen, als auch zu Ressourcen des sozialen Netzwerkes systematisch zu steuern, zu dokumentieren, zu kontrollieren und auszuwerten. Es geht dabei auch darum, Ressourcen auf möglichst nützliche und hilfreiche Weise miteinander zu verbinden, um einer individuellen Problemlage möglichst effizient Abhilfe zu verschaffen. Folgende Leitfragen haben sich dabei in der Praxis der Sozialen Arbeit bewährt (Neuffer 2005, 69ff.):

- Welche Stärken, Fähigkeiten und Ressourcen einzelner Personen können auf welche Art und Weise genutzt werden?
- Welche Stärken, Fähigkeiten und Ressourcen bestimmter Institutionen oder Gruppen von Personen können auf welche Art und Weise genutzt werden?

- Was ist nötig und nützlich, um bereits vorhandene Ressourcen so miteinander zu kombinieren und zu vernetzen, dass ihr Nutzen steigt?
- Welche Unterstützungs- und Hilfeangebote sollten erweitert werden?
- Welche Unterstützungs- und Hilfeangebote sollten neu geschaffen werden?
- Welche Unterstützungs- und Hilfeangebote können reduziert oder abgeschafft werden?

Case Management erfordert Fingerspitzengefühl: Das Case Management systematisiert den Hilfeablauf und hilft Ihnen dabei, den Blick auf das Umfeld zu erweitern und dadurch weitere Ressourcen zu erschließen. Dies erfordert Ihrerseits viel Fingerspitzengefühl für die Ressourcen, Stärken und Möglichkeiten aller Beteiligten sowie für deren Grenzen und Defizite.

Übungsaufgaben zur Wiederholung und Vertiefung

1. Wann, von wem und wo wurde das Case Management entwickelt?
2. Welche Hilfearten verbindet das Case Management miteinander?
3. Nennen Sie die einzelnen Phasen des Case-Management-Prozesses!
4. Welcher Art von Schemata entspricht der Case-Management-Prozess weitgehend?

(Die Lösungen zu den Übungsaufgaben finden Sie im Anhang.)

Arbeitsbögen mit starkem Bezug zum Case Management

Arbeitsbogen 14: Lebensbereiche
Arbeitsbogen 21: Ziele-Matrix
Arbeitsbogen 22: Problemlösestrategien
Arbeitsbogen 23: Veränderungsplan
Arbeitsbogen 24: Schritt für Schritt vorankommen

3  Modul 1: Schätze bergen – Was ist gut und soll so bleiben?

Angenommen, jemand würde ein Buch über Ihr Leben schreiben mit dem Titel „Schätze"! Es würde von all den Dingen und Erlebnissen handeln, die Ihnen jemals etwas wert waren. Es würde also von den Schätzen in Ihrem Leben handeln.

- Wie würde diese Geschichte anfangen?
- Wenn Sie den Autor beim Schreiben beraten würden: Was würden Sie ihm sagen?
- Welche Erlebnisse sollte die Geschichte auf alle Fälle enthalten? Welche dürften auf gar keinen Fall fehlen?
- Welche Erlebnisse sollten lieber nicht in dem Buch vorkommen? Was würden Sie gerne verschweigen?
- Würde es eine Kurzgeschichte, ein Roman oder eher eine Novelle werden? Möglicherweise ein Epos oder ein 25-bändiges Lexikon? Vielleicht ein Fortsetzungsroman, ein Groschenheft oder ein Comic?
- Welche alternativen Buchtitel fallen Ihnen zu demselben Thema ein? Wie könnte das Buch bei gleichem Inhalt sonst noch heißen?
- Wie wäre das vorläufige Ende dieser Geschichte?
- … und was fällt Ihnen noch alles dazu ein?

Aus dieser Idee des Buch-Schreibens lassen sich viele weitere Fragen und Geschichten zur Erarbeitung und Besprechung der Arbeitsbögen 1 bis 5 ableiten.

Um eine möglichst plastische Geschichte zu erhalten, können Sie sich, wenn es um die Details geht, auch immer wieder folgende Frage zu Gemüte führen (Bandler/Grinder 1980; Langosch 1997, 54):

- Wer genau tut was genau, wann genau, wo genau, mit wem genau, auf welche Art und Weise genau, in welchem konkreten Zusammenhang mit welchen Absichten und Zielen und welchen konkreten Folgen?

Im Gespräch mit Klienten lassen sich mit Hilfe dieser Frage viele Details zu den zu bergenden Schätzen erfragen. Sobald der Klient anfängt, über die Schätze seiner Vergangenheit zu sprechen, geht es also darum, so viele Einzelheiten wie möglich zu erfahren, damit die verborgenen Stärken und Ressourcen möglichst deutlich sichtbar gemacht und gefördert werden können. Und wann immer Sie glauben, genug Einzelheiten herausgefunden zu haben, sollten Sie die Frage

- ... und was fällt Ihnen noch dazu ein?

stellen, da die Antworten auf diese Frage manchmal ausführlicher und detaillierter sind als die Antworten auf alle vorausgegangenen Fragen zusammen.

Die Arbeitsbögen 1 und 2 (Bewahrenswertes und Zufriedenheit, Teil 1) befassen sich hauptsächlich mit Ressourcen aus der Gegenwart. Ressourcen aus der Vergangenheit werden dann durch die Arbeitsbögen 3 bis 5 (Schöne Situationen, Freudige und Liebevolle Erlebnisse) näher beleuchtet. Alle 5 Arbeitsbögen des Moduls 1 helfen dabei, bestehende Fähigkeiten und Stärken bewusst zu machen und daraus Kraft zu schöpfen. Inhaltlich lehnt sich dieses Modul an den lösungsfokussierten Ansatz und die Resilienz an.

Fallbeispiel: Selbsthilfe neu erleben

Frau J. ist 24 Jahre alt und leidet seit ihrer Jugend an einer paranoiden Schizophrenie, die sich allerdings eher schubweise äußert. Sie hat schon viele Selbsthilfebücher gelesen und erarbeitet sich nun das Modul 1 dieses Buches, indem sie die dazugehörenden Arbeitsbögen innerhalb eines Monats nacheinander ausfüllt und sich immer wieder Notizen dazu macht. Dabei wird ihr bewusst, wie viele Ressourcen und Fähigkeiten sie schon hat. Zuvor waren ihre Versuche zur Selbsthilfe immer defizitorientiert gewesen. Sie hatte wissen wollen, was an ihr defekt ist, und ob sie zumindest Teile davon selbst reparieren kann. Durch den neuen ressourcenorientierten Blickwinkel fühlt sie sich besser und kommt auch später in akuten Krisen schneller wieder innerlich zur Ruhe.

Und nun: Viel Erfolg beim Bergen der Schätze!

3.1 Bewahrenswertes

Arbeitsbogen 1, Bewahrenswertes, befasst sich mit allem, was in der aktuellen Lebenssituation erhalten und geschützt werden soll. Es geht um das, was gut ist und so bleiben soll, wie es ist. Verwandte Themen, die durch diesen Arbeitsbogen berührt werden, sind zum Beispiel:

- Was ist gut in meinem Leben?
- Was ist mir etwas wert?
- Welche Normen und Werte habe ich?
- Welche Verluste drohen mir aktuell in meinem Leben?
- Für was bin ich dankbar?
- Was habe ich mir in meinem Leben bereits erarbeitet?
- Worauf bin ich stolz?

Wenn im Leben Veränderungen anstehen, ist es manchmal sinnvoll und hilfreich, vorher festzuhalten, was nicht verändert werden soll. Dies kann sowohl vor eventuell drohenden Verlusten schützen als auch deutlich machen, was bereits alles erreicht wurde.

Dieser Arbeitsbogen hat engen Bezug zum lösungsfokussierten Ansatz, zur Resilienz und zu folgenden anderen Arbeitsbögen:

- Arbeitsbogen 2: Zufriedenheit, Teil 1
- Arbeitsbogen 6: Widerstandsfähigkeit, Teil 1
- Arbeitsbogen 12: Zufriedenheit, Teil 2
- Arbeitsbogen 13: Zehnjahresplan
- Arbeitsbogen 14: Lebensbereiche
- Arbeitsbogen 15: Widerstandsfähigkeit, Teil 2

Notizen:

Arbeitsbogen 1 – Bewahrenswertes

Was passiert zur Zeit in Ihrem Leben, von dem Sie wollen, dass es auch weiterhin geschieht?

1. Was passiert zur Zeit in Ihrem Leben im Bereich Arbeit/Schule/Ausbildung, von dem Sie wollen, dass es auch weiterhin geschieht? Was ist dort gut und soll so bleiben?

2. Was passiert zur Zeit in Ihrem Leben im Bereich Beziehungen, von dem Sie wollen, dass es auch weiterhin geschieht? Was ist dort gut und soll so bleiben?

3. Was passiert zur Zeit in Ihrem Leben im Bereich Gesundheit, von dem Sie wollen, dass es auch weiterhin geschieht? Was ist dort gut und soll so bleiben?

4. Was passiert zur Zeit in Ihrem Leben im Bereich des Entwickelns von Lebensperspektiven, von dem Sie wollen, dass es auch weiterhin geschieht? Was ist dort gut und soll so bleiben?

5. Was passiert zur Zeit in Ihrem Leben im Bereich Erfüllung und Lebenssinn, von dem Sie wollen, dass es auch weiterhin geschieht? Was ist dort gut und soll so bleiben?

6. Was passiert zur Zeit sonst noch in Ihrem Leben, von dem Sie wollen, dass es auch weiterhin geschieht? Was ist sonst noch gut und soll so bleiben?

3.2 Zufriedenheit, Teil 1

Arbeitsbogen 2, Zufriedenheit, Teil 1, befasst sich mit allem, was jemanden seelisch zur Ruhe bringt, bei dem man inneren Frieden empfindet. Dies kann auch mit Freude, Gelassenheit und einem Gefühl von Versöhnung einhergehen. Verwandte Themen, die durch diesen Arbeitsbogen berührt werden, sind zum Beispiel:

- Wann und wie erlebe ich Ausgeglichenheit?
- Was behagt mir?
- Wann fühle ich mich ausgefüllt?
- Wann bin ich gelassen und glücklich?
- Womit kann ich mich gut begnügen?
- Was sind meine Ansprüche an mein Leben?
- Welche kleinen Dinge im Leben machen mich froh?

Gerade in schwierigen Lebenssituationen können die Antworten auf diese Fragen dabei helfen, Kurs zu halten und sich auf die eigenen Werte und Ziele zu besinnen. Alle die Dinge, mit denen man im Alltag zufrieden ist, können hierbei wichtige Hinweise liefern.

Dieser Arbeitsbogen hat engen Bezug zum lösungsfokussierten Ansatz, zur Resilienz und zu folgenden anderen Arbeitsbögen:

- Arbeitsbogen 1: Bewahrenswertes
- Arbeitsbogen 3: Schöne Situationen
- Arbeitsbogen 4: Freudige Erlebnisse
- Arbeitsbogen 5: Liebevolle Erlebnisse
- Arbeitsbogen 6: Widerstandsfähigkeit, Teil 1
- Arbeitsbogen 12: Zufriedenheit, Teil 2
- Arbeitsbogen 15: Widerstandsfähigkeit, Teil 2

Notizen:

____

____

____

____

____

____

Arbeitsbogen 2 – Zufriedenheit, Teil 1

1. Wählen Sie bitte eine der folgenden Fragen aus, um sie näher zu betrachten und dann zu beantworten (bitte die von Ihnen ausgewählte Frage ankreuzen):

    a. Was klappte gestern oder heute gut bei Ihnen, was war O.K. für Sie, womit sind Sie zufrieden?
    b. Worauf sind Sie zur Zeit stolz?
    c. Was finden Sie momentan in Ihrem Leben am interessantesten?
    d. Welche kleinen oder großen Erfolge hatten Sie gestern oder heute und wie haben Sie diese Erfolge erzielt?
    e. Was genießen Sie zur Zeit in Ihrem Leben am meisten, was macht Ihnen zur Zeit am meisten Spaß?
    f. An welche schönen Situationen oder Ereignisse aus Ihrem Leben erinnern Sie sich zur Zeit am liebsten?
    g. Was baut Sie zur Zeit am meisten auf, was gibt Ihnen Kraft, was fördert Sie?

2. Wie lautet Ihre Antwort auf die von Ihnen ausgewählte Frage? Was fällt Ihnen noch alles dazu ein?

3.3 Schöne Situationen

Arbeitsbogen 3, Schöne Situationen, befasst sich mit allem, was man gerne betrachtet und als angenehm empfindet. Es geht hier um Erlebnisse, die Freude und Wohlsein vermitteln. Verwandte Themen, die durch diesen Arbeitsbogen berührt werden, sind zum Beispiel:

- Was wurde durch schöne Erlebnisse in meinem Leben ermöglicht?
- Was wurde durch diese Erlebnisse eventuell verhindert?
- Was tut mir gut?
- Welche Situationen finde ich anziehend und faszinierend?
- Was waren bisher die Höhepunkte in meinem Leben?
- Was bedeuteten mir diese Erlebnisse damals?
- Was bedeuten mir diese Erlebnisse heute?

Das Erinnern und Durcharbeiten schöner Erlebnisse kann wichtige Ressourcen zu Tage fördern. Dies kann besonders in schwierigen Situationen manchmal helfen, Mut und Hoffnung zu schöpfen.

Dieser Arbeitsbogen hat engen Bezug zum lösungsfokussierten Ansatz, zur Resilienz und zu folgenden anderen Arbeitsbögen:

- Arbeitsbogen 1: Bewahrenswertes
- Arbeitsbogen 2: Zufriedenheit, Teil 1
- Arbeitsbogen 4: Freudige Erlebnisse
- Arbeitsbogen 5: Liebevolle Erlebnisse
- Arbeitsbogen 7: Schwierige Situationen
- Arbeitsbogen 12: Zufriedenheit, Teil 2

Notizen:

Arbeitsbogen 3 – Schöne Situationen

1. Welches waren drei der schönsten oder angenehmsten Situationen in Ihrem Leben?

   a. ____________________

   b. ____________________

   c. ____________________

2. Wie haben Sie selbst dafür gesorgt, dass Sie in diese schönen Situationen kommen konnten? Was genau haben Sie dazu getan?

3. Was haben Sie selbst dazu beigetragen, dass diese Situationen eine Weile anhalten konnten? Was genau haben Sie dazu getan?

4. Welche Ihrer Fähigkeiten und Fertigkeiten haben Sie selbst dazu genutzt, um diese schönen oder angenehmen Situationen herbeizuführen und eine Weile aufrechtzuerhalten? Welche Ihrer persönlichen Eigenschaften haben Ihnen dabei geholfen?

3.4 Freudige Erlebnisse

Arbeitsbogen 4, Freudige Erlebnisse, befasst sich mit allem, was im Leben mit Heiterkeit, Vergnügen und Lebhaftigkeit zu tun hat. Bei freudigen Erlebnissen könnte man vor Freude springen, spürt freudige Erregung oder ist einfach außer sich vor Freude, so dass manchmal das eigene Herz vor Freude hüpft. Verwandte Themen, die durch diesen Arbeitsbogen berührt werden, sind zum Beispiel:

- Was wurde durch freudige Erlebnisse in meinem Leben ermöglicht?
- Was wurde durch diese Erlebnisse eventuell verhindert?
- Wann und wie erlebe ich Fröhlichkeit, Heiterkeit und Leichtigkeit?
- Was tue ich von Herzen gern?
- Was hat mir in meinem Leben gut gefallen?
- Was bedeutete mir das damals?
- Was bedeutet es mir heute?

Die Erinnerung an freudige Erlebnisse kann manchmal ein Gefühl von Leichtigkeit und Heiterkeit wachrufen. Dies kann unter anderem dabei helfen, Abstand zu bedrückenden Situationen zu gewinnen.

Dieser Arbeitsbogen hat engen Bezug zum lösungsfokussierten Ansatz, zur Resilienz und zu folgenden anderen Arbeitsbögen:

- Arbeitsbogen 2: Zufriedenheit, Teil 1
- Arbeitsbogen 3: Schöne Situationen
- Arbeitsbogen 5: Liebevolle Erlebnisse
- Arbeitsbogen 12: Zufriedenheit, Teil 2
- Arbeitsbogen 15: Widerstandsfähigkeit, Teil 2
- Arbeitsbogen 20: Ziel-Spiel
- Arbeitsbogen 25: Verbesserungen

Notizen:

Arbeitsbogen 4 – Freudige Erlebnisse

1. Bei welchen Erlebnissen in Ihrem Leben haben Sie folgende (unten genannte) Gefühle erlebt? Nennen Sie bitte pro Gefühl ein konkretes Beispiel.

   a. Freude ______________________
   b. Stolz ______________________
   c. Zufriedenheit ______________________
   d. Glück ______________________
   e. Genuss ______________________
   f. Heiterkeit ______________________
   g. Optimismus ______________________
   h. Begeisterung ______________________
   i. Ausgelassenheit ______________________
   j. Spaß ______________________

2. Welche freudigen Gefühle fallen Ihnen noch ein? An welche dazu passenden Erlebnisse aus Ihrem Leben erinnern Sie sich dabei?

3. Wie haben Sie selbst dafür gesorgt, dass Sie in diese freudigen Situationen kommen konnten? Was genau haben Sie dazu getan?

4. Was haben Sie selbst dazu beigetragen, dass diese Situationen eine Weile anhalten konnten? Was genau haben Sie dazu getan?

5. Welche Ihrer Fähigkeiten und Fertigkeiten haben Sie selbst dazu genutzt, um diese freudigen Situationen herbeizuführen und eine Weile aufrechtzuerhalten? Welche Ihrer persönlichen Eigenschaften haben Ihnen dabei geholfen?

3.5 Liebevolle Erlebnisse

Arbeitsbogen 5, Liebevolle Erlebnisse, befasst sich mit allem, was man gern hat, begehrt und angenehm findet. Liebevolle Erlebnisse gehen häufig mit dem Gefühl einher, angenommen und akzeptiert zu sein. Verwandte Themen, die durch diesen Arbeitsbogen berührt werden, sind zum Beispiel:

- Was wurde durch liebevolle Erlebnisse in meinem Leben ermöglicht?
- Was wurde durch diese Erlebnisse eventuell verhindert?
- Wann, wo und von wem wurde ich aufmerksam und herzlich behandelt?
- Wem gegenüber bin ich selbst herzlich und aufmerksam?
- Welches waren bisher die liebevollsten Erlebnisse in meinem Leben?
- Was bedeuteten mir diese Erlebnisse damals?
- Was bedeuten sie mir heute?

Liebevolle Erlebnisse gehören zu dem Schönsten, was man erleben kann. Das Gefühl, angenommen, respektiert, akzeptiert und geliebt zu sein, sowie die Fähigkeit, selbst Liebe geben zu können, vermitteln häufig eine Unbefangenheit, die gerade angesichts auch großer Schwierigkeiten enorm handlungs- und widerstandsfähig machen kann.

Dieser Arbeitsbogen hat engen Bezug zum lösungsfokussierten Ansatz, zur Resilienz und zu folgenden anderen Arbeitsbögen:

- Arbeitsbogen 1: Bewahrenswertes
- Arbeitsbogen 2: Zufriedenheit, Teil 1
- Arbeitsbogen 3: Schöne Situationen
- Arbeitsbogen 4: Freudige Erlebnisse
- Arbeitsbogen 12: Zufriedenheit, Teil 2
- Arbeitsbogen 15: Widerstandsfähigkeit, Teil 2

Notizen:

Arbeitsbogen 5 – Liebevolle Erlebnisse

1. Bei welchen Erlebnissen in Ihrem Leben haben Sie folgende (unten genannte) Gefühle erlebt? Nennen Sie bitte pro Gefühl ein konkretes Beispiel.

   a. Liebe ____________________
   b. Anziehung ____________________
   c. Sympathie ____________________
   d. Zuneigung ____________________
   e. Fürsorge ____________________
   f. Mitgefühl ____________________
   g. Entzücken ____________________
   h. Vertrautheit ____________________
   i. Freundlichkeit ____________________
   j. Menschliche Nähe und Wärme ____________________

2. Welche liebevollen Gefühle fallen Ihnen noch ein? An welche dazu passenden Erlebnisse aus Ihrem Leben erinnern Sie sich dabei?

3. Wie haben Sie selbst dafür gesorgt, dass Sie in diese liebevollen Situationen kommen konnten? Was genau haben Sie dazu getan?

4. Was haben Sie selbst dazu beigetragen, dass diese Situationen eine Weile anhalten konnten? Was genau haben Sie dazu getan?

5. Welche Ihrer Fähigkeiten und Fertigkeiten haben Sie selbst dazu genutzt, um diese liebevollen Situationen herbeizuführen und eine Weile aufrechtzuerhalten? Welche Ihrer persönlichen Eigenschaften haben Ihnen dabei geholfen?

4 Modul 2: Bewältigungsstrategien – Was hat bei Schwierigkeiten schon einmal gut geholfen?

Angenommen, jemand würde ein Hörspiel über Ihr Leben produzieren mit dem Titel „Bewältigte Schwierigkeiten"! Es würde von all den Dingen und Erlebnissen handeln, die schwierig für Sie waren und die Sie bewältigt haben. Es würde also von Ihren Bewältigungsstrategien handeln.

- Wie würde dieses Hörspiel anfangen?
- Wenn Sie den Produktionsleiter oder Regisseur bei der Produktion des Hörspiels beraten würden: Was würden Sie ihm sagen?
- Welche Erlebnisse sollte das Hörspiel auf alle Fälle enthalten? Welche dürften auf gar keinen Fall fehlen?
- Welche Erlebnisse sollten lieber nicht in dem Hörspiel vorkommen? Was würden Sie gerne verschweigen?
- Würde es eher ein kurzes oder ein langes Hörspiel werden? Wie lang wäre es? Zehn Minuten oder mehrere Stunden? Welche Sprecher würden Sie auswählen? Welche Geräusche und Ton-Effekte würden Sie an welchen Stellen beimischen?
- Welche alternativen Titel fallen Ihnen zu demselben Thema ein? Wie könnte das Hörspiel bei gleichem Inhalt sonst noch heißen?
- Wie wäre das vorläufige Ende dieses Hörspiels?
- … und was fällt Ihnen noch alles dazu ein?

Aus dieser Idee des Hörspiel-Produzierens lassen sich viele weitere Fragen und Geschichten zur Erarbeitung und Besprechung der Arbeitsbögen 6 bis 11 ableiten.

Sollten Sie bei der Erforschung Ihrer Bewältigungsstrategien auf vergangene schwierige Situationen stoßen, für deren erfolgreiche Bewältigung Sie sich (noch) nicht belohnt haben, dann kann es sehr nützlich sein, diese Belohnung nachzuholen. Sie stärken und fördern damit Ihre Bewältigungsstrategien. Sich für vergangene Erfolge zu belohnen, kann auch dabei helfen, sie nicht als Selbstverständlichkeiten zu betrachten, sondern sie stattdessen als etwas Besonderes zu würdigen und anzuerkennen (Potreck-Rose/Jacob 2003, 215ff.).

Auch bei Modul 2 besteht der inhaltliche Hintergrund aus dem lösungsfokussierten Ansatz und der Resilienz. Arbeitsbogen 6 und 7 (Widerstandsfähigkeit, Teil 1 und Schwierige Situationen) beleuchten direkt aktuelle und vergangene Resilienz-Fähigkeiten. Die Arbeitsbögen 8 bis 11 befassen sich mit der Kraft und positiven Energie, die aus der Bewältigung von Situationen hervorgehen kann, die mit unangenehmen Emotionen verbunden waren oder auch immer noch sind (Trauer, Angst, Ärger, Scham und Schuld).

Fallbeispiel: Eine akute Krisensituation

Herr F., 28 Jahre alt, wurde vor 2 Tagen von seiner Freundin verlassen, mit der er 6 Jahre zusammen gewesen war. Er ist völlig verzweifelt, fühlt sich einem nervlichen Zusammenbruch nahe und überlegt sogar, sich in eine psychiatrische Klinik zu begeben. In einem längeren Gespräch bringt ihn ein Freund, der vor einiger Zeit das Modul 2 dieses Buches für sich selbst durchgegangen ist, auf die Themen Krisenbewältigung und Resilienz. Nach und nach sprechen sie an diesem Abend schließlich über die Kraft und die Bewältigungsstrategien, die Herr F. in vergangenen schwierigen Situationen bereits gezeigt hat. Durch die Erinnerungen an Modul 2 fällt es dem Freund leicht, systematisch immer wieder auf das Thema Bewältigung zurückzukommen und dabei aber auch Herrn F.'s aktuellen schmerzhaften Gefühlen genügend Zeit, Raum und Würdigung zu geben.

Und nun: Viel Erfolg beim Erforschen der Bewältigungsstrategien!

4.1 Widerstandsfähigkeit, Teil 1

Arbeitsbogen 6, Widerstandsfähigkeit, Teil 1, befasst sich mit dem Entgegentreten und Sich-Widersetzen gegen Schwierigkeiten. Es geht hier also um Beständigkeit, Robustheit, Stabilität, Zähigkeit und Unverwüstlichkeit. Verwandte Themen, die durch diesen Arbeitsbogen berührt werden, sind zum Beispiel:

- Was wurde durch Widerstandsfähigkeit in meinem Leben ermöglicht?
- Was wurde durch Widerstandsfähigkeit (eventuell) verhindert?
- In welchen Situationen in meinem Leben bin ich besonders gefordert?
- Welchen Dingen kann ich gut widerstehen?
- Welches waren die größten Herausforderungen in meinem Leben?
- Was bedeuteten mir diese Erlebnisse damals?
- Was bedeuten sie mir heute?

Jeder Mensch zeigt an jedem Tag in seinem Leben seine Widerstandsfähigkeit gegenüber Schwierigkeiten. Diese Widerstandsfähigkeit bewusst zu machen, kann helfen, sie zu fördern und in Zukunft bewusster einzusetzen.

Dieser Arbeitsbogen hat engen Bezug zur Resilienz und zu folgenden anderen Arbeitsbögen:

- Arbeitsbogen 7: Schwierige Situationen
- Arbeitsbogen 8: Trauer
- Arbeitsbogen 9: Angst
- Arbeitsbogen 10: Ärger
- Arbeitsbogen 11: Scham und Schuld
- Arbeitsbogen 15: Widerstandsfähigkeit, Teil 2

Notizen:

Arbeitsbogen 6 – Widerstandsfähigkeit, Teil 1

1. Welches waren die drei größten Herausforderungen, Schwierigkeiten, Probleme oder Anstrengungen, die Sie heute oder während der vergangenen 7 Tage erfolgreich bewältigt haben?

   a. ______________________________

   b. ______________________________

   c. ______________________________

2. Wie haben Sie diese Herausforderungen, Schwierigkeiten, Anstrengungen oder Probleme bewältigt? Was genau haben Sie ganz konkret dazu getan?

3. Welche Ihrer Fähigkeiten haben Sie dabei genutzt?

4. Auf welche Ihrer persönlichen Eigenschaften gründen Ihre oben genannten Fähigkeiten? Welche persönlichen Eigenschaften haben Sie, die es Ihnen ermöglichen, mit Herausforderungen, Schwierigkeiten, Anstrengungen oder Problemen fertig zu werden?

4.2 Schwierige Situationen

Arbeitsbogen 7, Schwierige Situationen, befasst sich mit allem, was Mühe macht und Anstrengungen erfordert. Es geht hier um Situationen, die nicht einfach sind und einem oft schwer auf den Schultern lasten. Verwandte Themen, die durch diesen Arbeitsbogen berührt werden, sind zum Beispiel:

- Wofür waren die Schwierigkeiten in meinem Leben nützlich?
- Wobei waren sie hinderlich?
- Was habe ich aus den Schwierigkeiten gelernt?
- Welche Schwierigkeiten kann ich als Herausforderungen betrachten?
- Welches waren die größten Schwierigkeiten in meinem Leben?
- Was bedeuteten mir diese Schwierigkeiten damals?
- Was bedeuten sie mir heute?

„Man hat's nicht leicht, aber leicht hat's einen!" lautet ein recht pessimistisches Sprichwort, das gleichzeitig aber auch auf folgendes hinweist: Schwierigkeiten werden im Leben immer auftauchen, ein Leben ohne Schwierigkeiten gibt es nicht. Es kommt also darauf an, was man daraus macht.

Dieser Arbeitsbogen hat engen Bezug zum lösungsfokussierten Ansatz, zur Resilienz und zu folgenden anderen Arbeitsbögen:

- Arbeitsbogen 3: Schöne Situationen
- Arbeitsbogen 6: Widerstandsfähigkeit, Teil 1
- Arbeitsbogen 8: Trauer
- Arbeitsbogen 9: Angst
- Arbeitsbogen 10: Ärger
- Arbeitsbogen 11: Scham und Schuld
- Arbeitsbogen 25: Verbesserungen

Notizen:

Arbeitsbogen 7 – Schwierige Situationen

1. Welches waren drei der schwierigsten Situationen in Ihrem Leben?

   a. ______________________________

   b. ______________________________

   c. ______________________________

2. Wie haben Sie es geschafft, diese schwierigen Situationen überhaupt auszuhalten und zu überstehen? Was genau haben Sie dazu getan?

3. Was haben Sie selbst in diesen Situationen dazu beigetragen, dass es nicht noch schlimmer wurde? Was genau haben Sie dazu getan?

4. Was haben Sie selbst dazu beigetragen, dass sich die Lage nach diesen schwierigen Situationen wieder verbessern konnte? Was genau haben Sie dazu getan?

5. Welche Ihrer Fähigkeiten und Fertigkeiten haben Sie selbst dazu genutzt, um diese schwierigen Situationen auszuhalten oder sogar zu verbessern? Welche Ihrer persönlichen Eigenschaften haben Ihnen dabei geholfen?

4.3 Trauer

Arbeitsbogen 8, Trauer, befasst sich mit dem Gefühl, schmerzlich betrübt zu sein. Meist geht es hierbei um seelischen Schmerz über einen Verlust oder ein Unglück. Verwandte Themen, die durch diesen Arbeitsbogen berührt werden, sind zum Beispiel:

- Wofür war die Trauer in meinem Leben nützlich?
- Wobei war sie hinderlich?
- Was war nützlich, um mit der Trauer klarzukommen?
- Was bereitete mir seelischen Schmerz?
- Welches waren die traurigsten Erlebnisse in meinem Leben?
- Was bedeuteten mir diese Erlebnisse damals?
- Was bedeuten sie mir heute?

Den Kopf hängen lassen oder die Augen niederschlagen sind typische Trauergebärden des Menschen. Trauer ist, wie alle anderen Gefühle, eine Ressource, die genutzt werden kann, ohne dass man ihr dazu ausweichen müsste.

Dieser Arbeitsbogen hat engen Bezug zum lösungsfokussierten Ansatz, zur Resilienz und zu folgenden anderen Arbeitsbögen:

- Arbeitsbogen 6: Widerstandsfähigkeit, Teil 1
- Arbeitsbogen 9: Angst
- Arbeitsbogen 10: Ärger
- Arbeitsbogen 11: Scham und Schuld
- Arbeitsbogen 15: Widerstandsfähigkeit, Teil 2
- Arbeitsbogen 25: Verbesserungen

Notizen:

Arbeitsbogen 8 – Trauer

1. Bei welchen Erlebnissen haben Sie in Ihrem Leben folgende (unten genannte) Gefühle erlebt? Nennen Sie bitte pro Gefühl ein konkretes Beispiel. Wie haben Sie das jeweilige Erlebnis ausgehalten, überstanden und bewältigt? Was genau haben Sie jeweils dazu getan? Welche Ihrer Fähigkeiten haben Sie dabei genutzt? Welche Ihrer persönlichen Eigenschaften haben Ihnen dabei geholfen?

   a. Kummer ______________________
   b. Enttäuschung ______________________
   c. Einsamkeit ______________________
   d. Hoffnungslosigkeit ______________________
   e. Verzweiflung ______________________
   f. Heimweh ______________________
   g. Schwermut ______________________
   h. Trübsinn ______________________
   i. Trauer ______________________
   j. Niedergeschlagenheit ______________________

2. Welche traurigen Gefühle fallen Ihnen noch ein? An welche dazu passenden Erlebnisse aus Ihrem eigenen Leben erinnern Sie sich dabei? Wie haben Sie diese Erlebnisse ausgehalten, überstanden und bewältigt? Was genau haben Sie dazu getan? Welche Ihrer Fähigkeiten haben Sie dabei genutzt? Welche Ihrer persönlichen Eigenschaften haben Ihnen dabei geholfen?

4.4 Angst

Arbeitsbogen 9, Angst, befasst sich mit allem, was einen das Fürchten lehren kann. Enge und Beklemmung im Brustbereich gehen auf der körperlichen Ebene häufig damit einher. Verwandte Themen, die durch diesen Arbeitsbogen berührt werden, sind zum Beispiel:

- Wofür war die Angst in meinem Leben nützlich?
- Wobei war sie hinderlich?
- Worüber geriet ich leicht in Besorgnis?
- War ich früher ängstlicher als heute oder ist es eher umgekehrt?
- Welches waren die beängstigendsten Erlebnisse in meinem Leben?
- Was bedeuteten mir diese Erlebnisse damals?
- Was bedeuten sie mir heute?

Angst kann dem Körper Energie zur Verfügung stellen, die sich auf verschiedene Arten nutzen lässt. Flucht, Kampf und Sich-tot-Stellen/Erstarren sind typische Angstreaktionen. Sie können genutzt werden, um schwierige Situationen zu bewältigen.

Dieser Arbeitsbogen hat engen Bezug zum lösungsfokussierten Ansatz, zur Resilienz und zu folgenden anderen Arbeitsbögen:

- Arbeitsbogen 6: Widerstandsfähigkeit, Teil 1
- Arbeitsbogen 8: Trauer
- Arbeitsbogen 10: Ärger
- Arbeitsbogen 11: Scham und Schuld
- Arbeitsbogen 15: Widerstandsfähigkeit, Teil 2
- Arbeitsbogen 25: Verbesserungen

Notizen:

Arbeitsbogen 9 – Angst

1. Bei welchen Erlebnissen haben Sie in Ihrem Leben folgende (unten genannte) Gefühle erlebt? Nennen Sie bitte pro Gefühl ein konkretes Beispiel. Wie haben Sie das jeweilige Erlebnis ausgehalten, überstanden und bewältigt? Was genau haben Sie jeweils dazu getan? Welche Ihrer Fähigkeiten haben Sie dabei genutzt? Welche Ihrer persönlichen Eigenschaften haben Ihnen dabei geholfen?

   a. Sorge ______________________________
   b. Furcht ______________________________
   c. Panik ______________________________
   d. Unruhe ______________________________
   e. Angst ______________________________
   f. Nervosität ______________________________
   g. Entsetzen ______________________________
   h. Befürchtung ______________________________
   i. Besorgnis ______________________________
   j. Schrecken ______________________________

2. Welche Angst-Gefühle fallen Ihnen noch ein? An welche dazu passenden Erlebnisse aus Ihrem eigenen Leben erinnern Sie sich dabei? Wie haben Sie diese Erlebnisse ausgehalten, überstanden und bewältigt? Was genau haben Sie dazu getan? Welche Ihrer Fähigkeiten haben Sie dabei genutzt? Welche Ihrer persönlichen Eigenschaften haben Ihnen dabei geholfen?

4.5 Ärger

Arbeitsbogen 10, Ärger, befasst sich mit allem, was jemanden zum Toben und Wüten bringen kann. Es geht also um Situationen, in denen man manchmal vor Wut rasen oder schreien könnte. Verwandte Themen, die durch diesen Arbeitsbogen berührt werden, sind zum Beispiel:

- Wofür war der Ärger in meinem Leben nützlich?
- Wobei war er hinderlich?
- Was konnte mich leicht ärgerlich machen?
- Worauf reagiere ich gelassen, obwohl es mich ärgerlich machen könnte?
- Welches waren die ärgerlichsten Situationen in meinem Leben?
- Was bedeuteten mir diese Situationen damals?
- Was bedeuten sie mir heute?

Genau wie bei den anderen Fragebögen zu den Gefühlen, geht es auch hier nicht darum, dem Gefühl auszuweichen, sondern es zu erforschen. Ärger kann, ähnlich wie Angst, erhebliche Mengen Energie freisetzen, die sich nutzen lässt.

Dieser Arbeitsbogen hat engen Bezug zum lösungsfokussierten Ansatz, zur Resilienz und zu folgenden anderen Arbeitsbögen:

- Arbeitsbogen 6: Widerstandsfähigkeit, Teil 1
- Arbeitsbogen 8: Trauer
- Arbeitsbogen 9: Angst
- Arbeitsbogen 11: Scham und Schuld
- Arbeitsbogen 15: Widerstandsfähigkeit, Teil 2
- Arbeitsbogen 25: Verbesserungen

Notizen:

Arbeitsbogen 10 – Ärger

1. Bei welchen Erlebnissen haben Sie in Ihrem Leben folgende (unten genannte) Gefühle erlebt? Nennen Sie bitte pro Gefühl ein konkretes Beispiel. Wie haben Sie das jeweilige Erlebnis ausgehalten, überstanden und bewältigt? Was genau haben Sie jeweils dazu getan? Welche Ihrer Fähigkeiten haben Sie dabei genutzt? Welche Ihrer persönlichen Eigenschaften haben Ihnen dabei geholfen?

   a. Missmut ______________________
   b. Ärger ______________________
   c. Bitterkeit ______________________
   d. Hass ______________________
   e. Verachtung ______________________
   f. Gehässigkeit ______________________
   g. Zorn ______________________
   h. Verärgerung ______________________
   i. Wut ______________________
   j. Groll ______________________

2. Welche Ärger-Gefühle fallen Ihnen noch ein? An welche dazu passenden Erlebnisse aus Ihrem eigenen Leben erinnern Sie sich dabei? Wie haben Sie diese Erlebnisse ausgehalten, überstanden und bewältigt? Was genau haben Sie dazu getan? Welche Ihrer Fähigkeiten haben Sie dabei genutzt? Welche Ihrer persönlichen Eigenschaften haben Ihnen dabei geholfen?

4.6 Scham und Schuld

Arbeitsbogen 11, Scham und Schuld, befasst sich mit Peinlichkeiten und Schuldgefühlen. Sie werden häufig als sehr unangenehm empfunden und daher oft vermieden. Verwandte Themen, die durch diesen Arbeitsbogen berührt werden, sind zum Beispiel:

- Wofür waren Scham- und Schuldgefühle in meinem Leben nützlich?
- Wobei waren sie hinderlich?
- Was ließ mir die Schamröte ins Gesicht steigen?
- Wofür fühlte ich mich schuldig?
- Welches waren die peinlichsten oder schuldvollsten Erlebnisse in meinem Leben?
- Was bedeuteten mir diese Erlebnisse damals?
- Was bedeuten sie mir heute?

Scham und Schuld werden häufig noch mehr vermieden als Trauer, Angst und Ärger. Jedoch gilt auch hier: Die Erforschung dieser Gefühle kann Ressourcen zu Tage fördern und nutzbar machen.

Dieser Arbeitsbogen hat engen Bezug zum lösungsfokussierten Ansatz, zur Resilienz und zu folgenden anderen Arbeitsbögen:

- Arbeitsbogen 6: Widerstandsfähigkeit, Teil 1
- Arbeitsbogen 8: Trauer
- Arbeitsbogen 9: Angst
- Arbeitsbogen 10: Ärger
- Arbeitsbogen 15: Widerstandsfähigkeit, Teil 2
- Arbeitsbogen 25: Verbesserungen

Notizen:

Arbeitsbogen 11 – Scham und Schuld

1. Bei welchen Erlebnissen haben Sie in Ihrem Leben folgende (unten genannte) Gefühle erlebt? Nennen Sie bitte pro Gefühl ein konkretes Beispiel. Wie haben Sie das jeweilige Erlebnis ausgehalten, überstanden und bewältigt? Was genau haben Sie jeweils dazu getan? Welche Ihrer Fähigkeiten haben Sie dabei genutzt? Welche Ihrer persönlichen Eigenschaften haben Ihnen dabei geholfen?

   a. Scham ______________________________
   b. Bedauern ______________________________
   c. Verlegenheit ______________________________
   d. Reue ______________________________
   e. Demütigung ______________________________
   f. Beleidigung ______________________________
   g. Kränkung ______________________________
   h. Schuldgefühl ______________________________
   i. Gewissensbisse ______________________________
   j. Peinlichkeit ______________________________

2. Welche Scham- und Schuldgefühle fallen Ihnen noch ein? An welche dazu passenden Erlebnisse aus Ihrem eigenen Leben erinnern Sie sich dabei? Wie haben Sie diese Erlebnisse ausgehalten, überstanden und bewältigt? Was genau haben Sie dazu getan? Welche Ihrer Fähigkeiten haben Sie dabei genutzt? Welche Ihrer persönlichen Eigenschaften haben Ihnen dabei geholfen?

5  Modul 3: Perspektiven entwickeln – Ausblicke auf die Zukunft wagen

Angenommen, jemand würde einen Film über Ihre Zukunft drehen mit dem Titel „Perspektiven“! Dieser Film würde von zahlreichen Dingen und Erlebnissen handeln, die in Ihrer Zukunft auftauchen oder geschehen könnten. Er würde also von verschiedenen Perspektiven beim Ausblick auf Ihre Zukunft handeln.

- Wie würde dieser Film anfangen?
- Wenn Sie den Produktionsleiter oder Regisseur bei der Produktion beraten würden: Was würden Sie ihm sagen?
- Welche Erlebnisse sollte der Film auf alle Fälle enthalten? Welche dürften auf gar keinen Fall fehlen?
- Welche Erlebnisse sollten lieber nicht in dem Film vorkommen? Was sollte nicht geschehen? Und was sollte zwar in Zukunft geschehen, aber nicht in dem Film gezeigt werden?
- Würde es eher ein kurzer oder ein langer Film werden? Wie lang wäre er? Zehn Minuten oder mehrere Stunden? Welche Schauspieler würden Sie auswählen? Welche Spezialeffekte würden Sie an welchen Stellen einfügen? Wäre der Film jugendfrei? Welche Altersbeschränkung sollte er haben?
- Welche alternativen Titel fallen Ihnen zu demselben Thema ein? Wie könnte der Film bei gleichem Inhalt sonst noch heißen?
- Wie wäre das Ende dieses Films?
- … und was fällt Ihnen noch alles dazu ein?

Aus dieser Idee des Film-Produzierens lassen sich viele weitere Fragen und Geschichten zur Erarbeitung und Besprechung der Arbeitsbögen 12 bis 21 ableiten.

Um einen möglichst vielfältigen Film zu erhalten, kann es sehr hilfreich sein, sich für mehrere Sequenzen des Films Alternativen einfallen zu lassen. Ein alternativer Anfang und ein alternatives Ende könnten eventuell die Bedeutung des ganzen Films verändern. Ebenso könnten alternative Zwischensequenzen unterschiedliche Akzente setzen. Es ist wichtig, beim Entwickeln von Zukunftsperspektiven immer wieder verschiedene Möglichkeiten im Sinn zu behalten (O`Hanlon/Beadle 1998).

Bei der lösungsorientierten Entwicklung von Zielen (Miller/Berg 1997, 45ff.; Walter/Peller 1999, 72ff.), die in diesem Kapitel bereits eine wichtige Rolle spielen, kann es hilfreich sein, ein Pflichtprogramm und ein Kürprogramm, ähnlich wie beim Eiskunstlauf, zu durchlaufen:

Das **Pflichtprogramm** beinhaltet:

- Das Ziel sollte **positiv formuliert** sein, das heißt, es sollte keine Verneinungen enthalten. Falls es doch Verneinungen enthält, wie z.B. der Satz „Ich will nicht mehr rauchen“, dann kann man mit „Was soll stattdessen passieren?“ oder „Was wollen Sie stattdessen (anstatt zu rauchen) tun?“ weiterfragen.
- Das Ziel soll **konkret** sein. „Angenommen, wir würden Sie nach Erreichung des Zieles im Fernsehen sehen: Woran genau könnten wir ganz konkret im Einzelnen erkennen, dass Sie Ihr Ziel erreicht haben?“ kann hierbei eine hilfreiche Frage sein.
- Die Zielerreichung sollte **unter der Kontrolle des Betroffenen** liegen. „Im Lotto gewinnen“ gehört daher zum Beispiel nicht in diese Kategorie und kann hinterfragt werden mit Fragen wie: „Ist das etwas, das Sie wirklich tun könnten? Wenn ja, was lässt Sie das meinen?“ und „Was passiert zur Zeit ganz konkret in Ihrem Leben, das Ihnen sagt, dass Sie Ihr Ziel erreichen können (oder dass Ihr Ziel durch Sie selbst realisierbar ist)?“
- Die Folgen der Erreichung des Zieles sollten dem Betroffenen **wichtig** sein. (Arbeitsbogen 17, Wichtigkeit.)

Zur **Kür** gehört:

- Das Ziel sollte **möglichst klein** sein. Vizelösungen (Marquard 1995; Hesse 2000, 77ff.) sind o.k. Je kleiner das Ziel ist, desto größer ist oft die Zuversicht, es zu erreichen. (Arbeitsbogen 18, Zuversicht.)
- Das Ziel sollte eher **den Beginn von etwas beschreiben** und nicht das Ende von etwas. Dies kann die Bereitschaft erhöhen, den ersten Schritt in Richtung Ziel zu tun. (Arbeitsbogen 19, Bereitschaft.)

Modul 3 ist das umfangreichste Modul dieses Programms. Es stützt sich inhaltlich auf alle 4 in der Einleitung beschriebenen theoretischen Hintergründe (Lösungsfokussierter Ansatz, Resilienz, Motivierende Gesprächsführung und Case Management). Die Arbeitsbögen 12 bis 15 (Zufriedenheit – Teil 2, Zehnjahresplan, Lebensbereiche und Widerstandsfähigkeit – Teil 2) dienen der Zielfindung. Arbeitsbogen 16 (Entscheidungswaage) hilft bei der Abwägung verschiedener alternativer Ziele oder Handlungsstrategien. Mittels der Arbeitsbögen 17 bis 19 (Wichtigkeit, Zuversicht und Bereitschaft) können Ziele und Wünsche systematisch und konstruktiv hinterfragt werden. Gleichzeitig illustrieren sie den Kern der Motivierenden Gesprächsführung auf sehr plastische und praxisnahe Weise. Arbeitsbogen 20 (Ziel-Spiel) unterstützt dabei, ein Ziel spielerisch zu konkretisieren und zu operationalisieren. Arbeitsbogen 21 (Ziele-Matrix) kommt in komplexen Hilfesituationen zum Tragen, in denen es unter anderem um Kompromissfindung bei unterschiedlichen Ziel- und Handlungsentwürfen verschiedener beteiligter Akteure geht. Dieser Arbeitsbogen ist daher in besonderem Maße für Hilfeplangespräche geeignet.

Fallbeispiel: Herr V. zieht in eine eigene Wohnung

Herr V., 49 Jahre alt, lebt seit 2 Jahren in einem stationären Betreuungsheim für psychisch kranke Menschen. Er leidet seit 25 Jahren an einer manisch-depressiven Störung. Dies ist nicht sein erster stationärer Heimaufenthalt, sondern er war in den vergangenen 8 Jahren bereits zuvor dreimal in einem Heim untergebracht. Seine Versuche, selbständig in einer eigenen Wohnung leben zu können, sind dabei jedes Mal nach 2 bis 3 Monaten gescheitert. Daher überlegt sein jetziger Heimbetreuer, wie er den aktuellen Verselbständigungsprozess des Herrn V. nachhaltiger gestalten kann, so dass Herr V. langfristig selbständig leben kann. Er unterstützt Herrn V. dabei, innerhalb mehrerer Monate die Arbeitsbögen 12 bis 20 des Moduls 3 durchzuarbeiten und alle darin enthaltenen Fragen so ausführlich wie möglich zu beantworten. Dabei fallen Herrn V. mehrere Unterstützungsleistungen ein, die ihm helfen können, selbständig zu leben, die er vorher für sich aber noch nie ernsthaft in Erwägung gezogen hatte. Dazu gehören der regelmäßige Besuch einer Selbsthilfegruppe, die Unterstützung durch eine ambulante Betreuung ein- bis zweimal pro Woche und die Wiederaufnahme seines alten Hobbies, des Fotografierens. Dies sind gleichzeitig auch einige der Ziele, auf die sich Herr V., sein Heimbetreuer und der zuständige Fallmanager des Sozialamtes in den regelmäßigen Hilfeplangesprächen einigen, und die unter anderem mittels

Arbeitsbogen 21 (Ziele-Matrix) anschaulich dokumentiert werden. Danach gelingt es Herrn V. tatsächlich, viele Jahre selbständig in einer eigenen Wohnung zu leben.

Und nun: Viel Erfolg bei den Ausblicken auf die Zukunft!

5.1 Zufriedenheit, Teil 2

Arbeitsbogen 12, Zufriedenheit, Teil 2, befasst sich damit, Ziele zu entwickeln für kurz-, mittel- und langfristige Planungen. Ausgangspunkt dafür ist alles, was einen zum gegenwärtigen Zeitpunkt zufrieden macht bzw. womit man zufrieden ist. Verwandte Themen, die durch diesen Arbeitsbogen berührt werden, sind zum Beispiel:

- Wann und wie erlebe ich Zufriedenheit?
- Was baut mich auf oder gibt mir Hoffnung?
- Wann gelingt es mir, den Tag zu genießen?
- Wann schaue ich frohen Mutes in die Zukunft?
- In welchen Situationen war ich bisher am zufriedensten?
- Was bedeuteten mir diese Situationen damals?
- Was bedeuten sie mir heute?

Alle die Dinge, mit denen man im Alltag zufrieden ist, können wichtige Hinweise darauf liefern, welche Ziele für das eigene Leben besonders lohnenswert sein könnten. Vor allem in schwierigen Lebenssituationen wird eine sinnvolle Zukunftsplanung manchmal erst möglich durch den Blick auf das, womit man hier und jetzt zufrieden ist.

Dieser Arbeitsbogen hat engen Bezug zum lösungsfokussierten Ansatz, zur Motivierenden Gesprächsführung und zu folgenden anderen Arbeitsbögen:

- Arbeitsbogen 1: Bewahrenswertes
- Arbeitsbogen 2: Zufriedenheit, Teil 1
- Arbeitsbogen 3: Schöne Situationen
- Arbeitsbogen 4: Freudige Erlebnisse
- Arbeitsbogen 5: Liebevolle Erlebnisse
- Arbeitsbogen 13: Zehnjahresplan
- Arbeitsbogen 14: Lebensbereiche

Notizen:

Arbeitsbogen 12 – Zufriedenheit, Teil 2

1. Was ist heute oder während der vergangenen 7 Tage passiert, womit Sie zufrieden sind? Was genau fanden Sie daran gut?
2. Wie können Sie solche Erlebnisse in Ihrem Leben fördern?
3. Welche Ziele könnten sich daraus ergeben?
    a. Kurzfristig (für die nächsten Tage)?
    b. Mittelfristig (für die nächsten Wochen und Monate)?
    c. Langfristig (für die nächsten Jahre und Jahrzehnte)?

5.2 Zehnjahresplan

Arbeitsbogen 13, Zehnjahresplan, befasst sich mit dem Entwickeln von Perspektiven für die nächsten zehn Jahre. Die Abstufung in verschiedene Zeiträume kann die Erarbeitung dieses Planes erleichtern und überschaubarer machen. Verwandte Themen, die durch diesen Arbeitsbogen berührt werden, sind zum Beispiel:

- Wie weit plane ich im Voraus?
- Welche Pläne möchte ich in den kommenden 10 Jahren verwirklichen?
- Wann hat mir die Erarbeitung eines Planes schon einmal geholfen?
- Was möchte ich lieber nicht planen, sondern einfach auf mich zukommen lassen?
- Wie kann ich die Ergebnisse früherer Pläne für die Zukunft nutzen?
- Welche Pläne konnte ich bisher nicht verwirklichen?
- Was habe ich daraus gelernt?

Gerade bei der Erstellung längerfristiger Pläne kann es hilfreich sein, vom Ende des betrachteten Zeitraumes auszugehen, da sich viele Schritte und Zwischenziele erst aus dem Fernziel ergeben.

Dieser Arbeitsbogen hat engen Bezug zum lösungsfokussierten Ansatz, zur Motivierenden Gesprächsführung und zu folgenden anderen Arbeitsbögen:

- Arbeitsbogen 1: Bewahrenswertes
- Arbeitsbogen 12: Zufriedenheit, Teil 2
- Arbeitsbogen 14: Lebensbereiche
- Arbeitsbogen 20: Ziel-Spiel
- Arbeitsbogen 23: Veränderungsplan
- Arbeitsbogen 24: Schritt für Schritt vorankommen

Notizen:

Arbeitsbogen 13 – Zehnjahresplan

1. Wählen Sie bitte einen der folgenden Lebensbereiche aus, um ihn anschließend näher zu betrachten (bitte ankreuzen):

    a. Arbeit/Schule/Ausbildung
    b. Beziehungen
    c. Gesundheit
    d. Entwickeln von Lebensperspektiven
    e. Erfüllung und Lebenssinn
    f. Sonstiges, und zwar (bitte eintragen):

2. Was soll in dem ausgewählten Bereich in 10 Jahren passieren? Wie soll Ihr Leben in 10 Jahren in diesem Bereich aussehen?

3. Was soll in dem ausgewählten Bereich in 5 Jahren passieren? Wie soll Ihr Leben in 5 Jahren in diesem Bereich aussehen?

4. Was soll in dem ausgewählten Bereich in 2 Jahren passieren? Wie soll Ihr Leben in 2 Jahren in diesem Bereich aussehen?

5. Was soll in dem ausgewählten Bereich in einem Jahr passieren? Wie soll Ihr Leben in einem Jahr in diesem Bereich aussehen?

6. Was soll in dem ausgewählten Bereich in 6 Monaten passieren? Wie soll Ihr Leben in 6 Monaten in diesem Bereich aussehen?

7. Was soll in dem ausgewählten Bereich in 3 Monaten passieren? Wie soll Ihr Leben in 3 Monaten in diesem Bereich aussehen?

8. Was soll in dem ausgewählten Bereich in einem Monat passieren? Wie soll Ihr Leben in einem Monat in diesem Bereich aussehen?

5.3 Lebensbereiche

Arbeitsbogen 14, Lebensbereiche, befasst sich mit dem Entwickeln von Perspektiven in verschiedenen Lebensbereichen. Er verwendet sogenannte Skalen (von Null bis Zehn), um unter anderem den Grad der Zielerreichung deutlich zu machen. Verwandte Themen, die durch diesen Arbeitsbogen berührt werden, sind zum Beispiel:

- Welche Lebensbereiche entwickeln sich zur Zeit positiv?
- Welche entwickeln sich nicht so positiv?
- Welche Fähigkeiten nutze ich in verschiedenen Lebensbereichen?
- Wie könnte ich diese Fähigkeiten auf andere Bereiche übertragen?
- Welche Lebensbereiche sind mir zur Zeit besonders wichtig?
- Auf welche lenke ich zur Zeit am meisten Aufmerksamkeit?
- Welche könnte ich besser fördern?

Die Unterteilung des Lebens in verschiedene Bereiche kann dabei helfen, große Schwierigkeiten in kleine Teile zu zergliedern, die dann leichter zu bewältigen sind. Dies kann auch deutlich machen, dass das Leben selten in allen Bereichen in eine Richtung geht, sondern, dass sich verschiedene Bereiche oft unterschiedlich und in verschiedene Richtungen entwickeln.

Dieser Arbeitsbogen hat engen Bezug zum lösungsfokussierten Ansatz, zum Case Management und zu folgenden anderen Arbeitsbögen:

- Arbeitsbogen 12: Zufriedenheit, Teil 2
- Arbeitsbogen 13: Zehnjahresplan
- Arbeitsbogen 15: Widerstandsfähigkeit, Teil 2
- Arbeitsbogen 20: Ziel-Spiel
- Arbeitsbogen 22: Problemlösestrategien
- Arbeitsbogen 23: Veränderungsplan
- Arbeitsbogen 24: Schritt für Schritt vorankommen
- Arbeitsbogen 25: Verbesserungen

Notizen:

____

____

____

____

____

____

Arbeitsbogen 14 – Lebensbereiche

1. Wählen Sie bitte aus den nachfolgend genannten Lebensbereichen einen aus, den Sie näher betrachten wollen (bitte ankreuzen):

   - Körperlicher Zustand
   - Psychischer Zustand
   - Konsumverhalten
   - Partnerschaft/Ehe
   - Beziehungen zu anderen Menschen
   - Wohnsituation
   - Arbeitssituation/Ausbildung/Schule
   - Finanzielle Situation
   - Freizeitgestaltung
   - Rechtliche Situation
   - Sonstiges, und zwar (bitte eintragen):

Kreuzen Sie bitte unten in den Skalen von Null (0) bis Zehn (10) Ihre persönliche Einschätzung der jeweiligen Fähigkeit oder des Zustandes an. Null bedeutet sehr geringe Fähigkeit oder sehr schlechter Zustand. Zehn bedeutet sehr hohe Fähigkeit oder sehr guter Zustand.

Skala A kennzeichnet den jetzigen Stand. Skala B kennzeichnet den Wert, den Sie für erstrebenswert halten. Wert B soll für Sie sinnvoll und erreichbar sein.

Beantworten Sie die beiden darauffolgenden Fragen dann bitte möglichst genau und konkret.

2. Wie gut ist Ihr Zustand bzw. wie gut sind Ihre Fähigkeiten in dem von Ihnen ausgewählten oben genannten Bereich?

   A. Jetziger Stand: 0 1 2 3 4 5 6 7 8 9 10

   B. Angestrebtes Ziel: 0 1 2 3 4 5 6 7 8 9 10

3. Woran würde ein Fortschritt von Wert A (jetziger Stand) in Richtung auf Wert B (angestrebtes Ziel) für Sie konkret erkennbar sein?

4. Falls ein Fortschritt nicht möglich oder nicht realistisch erscheint (falls Wert B also kleiner oder gleich Wert A ist), beschreiben Sie bitte kurz, wie Sie diesen Umstand positiv nutzen oder bewältigen könnten:

5.4 Widerstandsfähigkeit, Teil 2

Arbeitsbogen 15, Widerstandsfähigkeit, Teil 2, befasst sich mit dem Entwickeln von Perspektiven in Bezug auf persönliche Fähigkeiten zur Zähigkeit gegenüber Schwierigkeiten. Verwandte Themen, die durch diesen Arbeitsbogen berührt werden, sind zum Beispiel:

- Was verbinde ich mit dem Wort „Widerstand"?
- Wie zäh und widerstandsfähig schätze ich mich selbst ein?
- Welche Widerstandsfähigkeiten benutze ich häufig?
- Welche könnte ich manchmal mehr gebrauchen?
- Welche haben mir in meinem Leben besonders gut geholfen?
- Was bedeuteten mir diese Fähigkeiten früher?
- Was bedeuten sie mir heute?

Das Erarbeiten eines bewussten Zugangs zu den eigenen Widerstandsfähigkeiten kann sehr nützlich dabei sein, die Selbstwirksamkeitserwartung zu fördern. Der damit verbundene Glaubenssatz „Meine Stärken bringen mich bestimmt besser voran, als meine Schwächen mich jemals aufhalten könnten!" ist nicht nur beim Bewältigen aktueller Schwierigkeiten hilfreich, sondern auch beim Entwickeln längerfristiger Zukunftsperspektiven.

Dieser Arbeitsbogen hat engen Bezug zur Resilienz, zum lösungsfokussierten Ansatz und zu folgenden anderen Arbeitsbögen:

- Arbeitsbogen 1: Bewahrenswertes
- Arbeitsbogen 2: Zufriedenheit, Teil 1
- Arbeitsbogen 3: Schöne Situationen
- Arbeitsbogen 6: Widerstandsfähigkeit, Teil 1
- Arbeitsbogen 7: Schwierige Situationen
- Arbeitsbogen 13: Zehnjahresplan
- Arbeitsbogen 21: Ziele-Matrix
- Arbeitsbogen 25: Verbesserungen

Notizen:

Arbeitsbogen 15 – Widerstandsfähigkeit, Teil 2

1. Wie stark ausgeprägt sind Ihre unten genannten Widerstandsfähigkeiten? Auf einer Skala von Null (0) bis Zehn (10): Wenn Null „sehr schwach ausgeprägt" und Zehn „sehr stark ausgeprägt" bedeuten würde, welchen Wert würden Sie für die jeweilige Fähigkeit oder Eigenschaft geben?

   a. **Sozialkompetenz und Kontaktfreudigkeit:** Beziehungen aufbauen, gestalten und aufrechterhalten können und wollen
   0 1 2 3 4 5 6 7 8 9 10
   b. **Einfühlungsvermögen:** Menschen und Situationen einfühlsam verstehen können
   0 1 2 3 4 5 6 7 8 9 10
   c. **Unabhängigkeit und Selbständigkeit:** sich z.B. von schädigenden Menschen und Situationen distanzieren können
   0 1 2 3 4 5 6 7 8 9 10
   d. **Humor:** einen Sinn für Humor haben und gerne lachen
   0 1 2 3 4 5 6 7 8 9 10
   e. **Selbstwirksamkeitsüberzeugungen:** Vertrauen darin haben, dass man Dinge selbst regeln kann
   0 1 2 3 4 5 6 7 8 9 10
   f. **Optimismus:** eine positive Sicht der Zukunft haben und eine positive Zukunft erwarten
   0 1 2 3 4 5 6 7 8 9 10
   g. **Zielorientierung:** sich eigene Ziele setzen und sie angehen können
   0 1 2 3 4 5 6 7 8 9 10
   h. **Hohes Selbstwertgefühl:** ein hohes Gefühl des eigenen inneren Wertes und Selbstvertrauen haben
   0 1 2 3 4 5 6 7 8 9 10
   i. **Durchhaltevermögen:** trotz Schwierigkeiten weitermachen können, nicht aufgeben, Ausdauer und „Biss" haben
   0 1 2 3 4 5 6 7 8 9 10
   j. **Flexibilität und Anpassungsfähigkeit:** sich auf Veränderungen einstellen und sich ihnen anpassen können, sowie mit neuen Situationen etwas Gutes anfangen können
   0 1 2 3 4 5 6 7 8 9 10
   k. **Lernbegeisterung:** gerne lernen und Engagement beim Lernen zeigen können
   0 1 2 3 4 5 6 7 8 9 10
   l. **Religion, Glaube oder Spiritualität:** Vertrauen in etwas haben, das über einen selbst hinausgeht, sowie ein Gefühl oder Gespür für den Sinn des eigenen Lebens haben
   0 1 2 3 4 5 6 7 8 9 10

2. Angenommen, in der heutigen Nacht würde ein Wunder geschehen, und jede der oben genannten Fähigkeiten oder Eigenschaften würde sich auf der Skala jeweils um einen Wert nach oben bewegen (also z.B. von „6" auf „7"): Was würden Sie bezüglich jeder einzelnen Fähigkeit bzw. Eigenschaft dann jeweils anders machen? (Nennen Sie bitte konkrete Beispiele!)

5.5 Entscheidungswaage

Arbeitsbogen 16, Entscheidungswaage, befasst sich mit dem Abwägen verschiedener Seiten zweier Handlungsmöglichkeiten. Er beinhaltet eine Kosten-Nutzen-Analyse bei Entscheidungen. Verwandte Themen, die durch diesen Arbeitsbogen berührt werden, sind zum Beispiel:

- Welches waren bisher meine bewusstesten Entscheidungen?
- Inwiefern war es hilfreich, diese Entscheidungen so bewusst zu treffen?
- Wann ziehe ich es vor, Entscheidungen nicht so bewusst zu treffen?
- Welche Entscheidungen treffe ich lieber „aus dem Bauch heraus"?
- Welches waren bisher meine schwierigsten Entscheidungen?
- Wie sah und beurteilte ich diese Entscheidungen damals?
- Wie sehe und beurteile ich diese Entscheidungen heute?

Um Entscheidungen bewusst treffen zu können, kann es hilfreich sein, die Vor- und Nachteile der verschiedenen Möglichkeiten genau zu betrachten. Auch die Zeitperspektive dabei genau im Blick zu haben, kann sehr nützlich sein, denn, was kurzfristig sehr positiv sein kann, kann eventuell langfristig sehr negative Konsequenzen haben und umgekehrt.

Dieser Arbeitsbogen hat engen Bezug zur Motivierenden Gesprächsführung und zu folgenden anderen Arbeitsbögen:

- Arbeitsbogen 13: Zehnjahresplan
- Arbeitsbogen 14: Lebensbereiche
- Arbeitsbogen 17: Wichtigkeit
- Arbeitsbogen 18: Zuversicht
- Arbeitsbogen 19: Bereitschaft
- Arbeitsbogen 21: Ziele-Matrix
- Arbeitsbogen 23: Veränderungsplan

Notizen:

Arbeitsbogen 16 – Entscheidungswaage

1. Möglichkeit Nr. 1 (z.B. der Status Quo, bitte kurz benennen oder beschreiben):
2. Möglichkeit Nr. 2 (z.B. die Veränderung, bitte kurz benennen oder beschreiben):
3. Die Entscheidungswaage (bitte ausfüllen):

Waagschale A: Alles, was für Möglichkeit Nr. 1 spricht:

- Vorteile, Nutzen, Angenehmes der Möglichkeit Nr. 1:
  Kurzfristig: __________
  Mittelfristig: __________
  Langfristig: __________

- Nachteile, Kosten, Unangenehmes der Möglichkeit Nr. 2:
  Kurzfristig: __________
  Mittelfristig: __________
  Langfristig: __________

Waagschale B: Alles, was für Möglichkeit Nr. 2 spricht:

- Vorteile, Nutzen, Angenehmes der Möglichkeit Nr. 2:
  Kurzfristig: __________
  Mittelfristig: __________
  Langfristig: __________

- Nachteile, Kosten, Unangenehmes der Möglichkeit Nr. 1:
  Kurzfristig: __________
  Mittelfristig: __________
  Langfristig: __________

5.6 Wichtigkeit

Arbeitsbogen 17, Wichtigkeit, befasst sich mit der Bedeutsamkeit eventuell anstehender oder bereits geplanter Veränderungen. Es geht hierbei also um das, was an der Veränderung wesentlich ist und Gewicht hat oder ins Gewicht fällt. Verwandte Themen, die durch diesen Arbeitsbogen berührt werden, sind zum Beispiel:

- Was bedeutet mir die Veränderung?
- Wie wichtig ist sie mir?
- Warum ist sie mir so wichtig?
- Was wird nach der Veränderung alles anders sein, als es jetzt ist?
- Welches waren bisher die wichtigsten Veränderungen in meinem Leben?
- Wie sah und beurteilte ich diese Veränderungen damals?
- Wie sehe und beurteile ich sie heute?

Die Wichtigkeit einer eventuell anstehenden oder bereits geplanten Veränderung zu erforschen, kann dabei helfen, die Motivation zu fördern, aktiv etwas für die Veränderung zu tun. Es kann aber auch deutlich machen, welche Faktoren eventuell (noch) gegen die Veränderung sprechen.

Dieser Arbeitsbogen hat engen Bezug zur Motivierenden Gesprächsführung und zu folgenden anderen Arbeitsbögen:

- Arbeitsbogen 12: Zufriedenheit, Teil 2
- Arbeitsbogen 13: Zehnjahresplan
- Arbeitsbogen 14: Lebensbereiche
- Arbeitsbogen 16: Entscheidungswaage
- Arbeitsbogen 18: Zuversicht
- Arbeitsbogen 19: Bereitschaft
- Arbeitsbogen 23: Veränderungsplan

Notizen:

Arbeitsbogen 17 – Wichtigkeit

1. Mit welcher Veränderung wollen Sie sich befassen? Was soll anders werden?
2. Wie wichtig ist Ihnen diese Veränderung? Auf einer Skala von Null (0) bis Zehn (10): Wenn Null „völlig unwichtig“ und Zehn „extrem wichtig“ bedeuten würde, welchen Wert würden Sie geben? (Bitte ankreuzen.)

   0 1 2 3 4 5 6 7 8 9 10
3. Wie kommt es, dass der Wert auf der Skala nicht geringer (kleiner) ist?
4. Was müsste passieren, damit der Wert auf der Skala steigt?
5. Lohnt sich die Veränderung? Wenn ja, inwiefern?
6. Was genau soll sich ändern?
7. Was soll sich dabei nicht verändern?
8. Zu welchem Preis ist die Veränderung zu haben?
9. Wird die Veränderung einen wesentlichen Unterschied machen? Wenn ja, welchen?

5.7 Zuversicht

Arbeitsbogen 18, Zuversicht, befasst sich mit dem Vertrauen und der Hoffnung, eine angestrebte Veränderung oder ein Ziel erreichen zu können. Es geht hierbei also unter anderem auch um Selbstwirksamkeitserwartungen. Verwandte Themen, die durch diesen Arbeitsbogen berührt werden, sind zum Beispiel:

- Wie groß ist meine Zuversicht, das Ziel zu erreichen?
- Wann fällt es mir leicht, zuversichtlich zu sein?
- Wann fällt mir das nicht so leicht?
- Wodurch wird meine Zuversicht gestützt und gefördert?
- Wann war ich in meinem Leben bisher am zuversichtlichsten?
- Wie sah und beurteilte ich diese Situationen damals?
- Wie sehe und beurteile ich sie heute?

Die Zuversicht bezüglich einer eventuell anstehenden oder bereits geplanten Veränderung zu erforschen, kann dabei helfen, die Motivation zu fördern, aktiv etwas für die Veränderung zu tun. Es kann auch deutlich machen, welche Hindernisse vor der Veränderung noch aus dem Weg geräumt werden sollten.

Dieser Arbeitsbogen hat engen Bezug zur Motivierenden Gesprächsführung und zu folgenden anderen Arbeitsbögen:

- Arbeitsbogen 12: Zufriedenheit, Teil 2
- Arbeitsbogen 13: Zehnjahresplan
- Arbeitsbogen 14: Lebensbereiche
- Arbeitsbogen 16: Entscheidungswaage
- Arbeitsbogen 17: Wichtigkeit
- Arbeitsbogen 19: Bereitschaft
- Arbeitsbogen 23: Veränderungsplan
- Arbeitsbogen 25: Verbesserungen

Notizen:

____

____

____

____

____

____

Arbeitsbogen 18 – Zuversicht

1. Mit welcher Veränderung wollen Sie sich befassen? Was soll anders werden?

2. Wie zuversichtlich sind Sie in Bezug auf das Erreichen dieser Veränderung? Auf einer Skala von Null (0) bis Zehn (10): Wenn Null „überhaupt nicht zuversichtlich" und Zehn „extrem zuversichtlich" bedeuten würde, welchen Wert würden Sie geben? (Bitte ankreuzen.)

   0 1 2 3 4 5 6 7 8 9 10

3. Wie kommt es, dass der Wert auf der Skala nicht geringer (kleiner) ist?

4. Was müsste passieren, damit der Wert auf der Skala steigt?

5. Können Sie etwas für die Veränderung tun? Wenn ja, was genau?

6. Könnte es dabei Schwierigkeiten geben? Wenn ja, wie werden Sie damit klarkommen?

7. Inwiefern können Sie bei der Veränderung selbst dann Erfolg haben, wenn extrem große Schwierigkeiten auftreten? (Nennen Sie bitte konkrete Beispiele!)

8. Was genau wäre ein erster kleiner Schritt, den Sie tun könnten, um sich auf den Weg zu Ihrem Ziel zu machen? Inwiefern wäre dieser erste kleine Schritt hilfreich? Ist das etwas, das Sie wirklich tun könnten? Wenn ja, wie kommen Sie darauf?

9. Wann werden Sie diesen ersten Schritt tun?

5.8 Bereitschaft

Arbeitsbogen 19, Bereitschaft, befasst sich mit der Frage, ob und inwiefern jemand für eine anstehende oder geplante Veränderung gerüstet ist. Es geht also darum, wie „startklar" jemand ist, die „Reise" zu einem Ziel anzutreten. Verwandte Themen, die durch diesen Arbeitsbogen berührt werden, sind zum Beispiel:

- Ist mir das Ziel wichtig genug, um es selbst aktiv anzustreben?
- Bin ich zuversichtlich genug, das Ziel erreichen zu können?
- Wie gut bin ich auf die Folgen der Veränderung vorbereitet?
- Wodurch wird meine Bereitschaft gestützt und gefördert?
- Wann war meine Bereitschaft für Veränderungen bisher am größten?
- Wie sah und beurteilte ich diese Situationen damals?
- Wie sehe und beurteile ich sie heute?

Sobald ein Ziel wichtig genug ist, und auch die Zuversicht, es erreichen zu können, groß genug ist, sollten die ersten Schritte zur Erreichung des Zieles geplant und gegangen werden. Werden diese Schritte dann nicht getan, dann sind es entweder die verkehrten Schritte, oder die Wichtigkeit des Zieles oder die Zuversicht, es erreichen zu können, (oder beides) ist (noch) nicht groß genug.

Dieser Arbeitsbogen hat engen Bezug zur Motivierenden Gesprächsführung und zu folgenden anderen Arbeitsbögen:

- Arbeitsbogen 12: Zufriedenheit, Teil 2
- Arbeitsbogen 13: Zehnjahresplan
- Arbeitsbogen 14: Lebensbereiche
- Arbeitsbogen 16: Entscheidungswaage
- Arbeitsbogen 17: Wichtigkeit
- Arbeitsbogen 18: Zuversicht
- Arbeitsbogen 23: Veränderungsplan

Notizen:

Arbeitsbogen 19 – Bereitschaft

1. Mit welcher Veränderung wollen Sie sich befassen? Was soll anders werden?

2. Wie bereit sind Sie, selbst konkret etwas in Richtung dieser Veränderung zu tun? Auf einer Skala von Null (0) bis Zehn (10): Wenn Null „überhaupt nicht bereit“ und Zehn „extrem bereit“ bedeuten würde, welchen Wert würden Sie geben? (Bitte ankreuzen.)

   0 1 2 3 4 5 6 7 8 9 10

3. Wie kommt es, dass der Wert auf der Skala nicht geringer (kleiner) ist?

4. Was müsste passieren, damit der Wert auf der Skala steigt?

5. Was, glauben Sie, werden Sie in Bezug auf die anstehende Veränderung ganz konkret als nächstes tun?

6. Was genau wäre ein erster kleiner Schritt, den Sie hier und heute mit den Ihnen jetzt bereits zur Verfügung stehenden Mitteln tun könnten, um sich auf den Weg zu Ihrem Ziel zu machen? Inwiefern wäre dieser erste kleine Schritt hilfreich? Ist das etwas, das Sie wirklich tun könnten? Wenn ja, wie kommen Sie darauf?

7. Sollten Sie diesen Schritt jetzt tun? Wenn ja, warum?

8. Welche weiteren Schritte könnten danach folgen?

9. Gibt es zur Zeit wichtigere Dinge zu tun? Wenn ja, welche?

5.9 Ziel-Spiel

Arbeitsbogen 20, Ziel-Spiel, befasst sich damit, auf spielerische Art und Weise eine sehr genaue und konkrete Vorstellung von einem Ziel zu entwickeln, das jemand erreichen möchte. Es geht dabei auch darum, sich spielerisch möglichst viele Aspekte des Zieles vor Augen zu führen. Verwandte Themen, die durch diesen Arbeitsbogen berührt werden, sind zum Beispiel:

- Was genau strebe ich an, was genau will ich erreichen?
- Welche Folgen soll die Erreichung meines Zieles haben?
- Wie kann ich mir das Ziel spielerisch erarbeiten?
- Welche Auswirkungen hätte die Erreichung des Zieles auf mein Umfeld?
- Wann konnte ich in meinem Leben am spielerischsten Ziele entwickeln?
- Wie sah und beurteilte ich diese Situationen damals?
- Wie sehe und beurteile ich sie heute?

Für die Erarbeitung dieses Arbeitsbogens benötigen Sie einen 6-seitigen Würfel. Durch das Würfeln kommt ein Zufallselement in die Entwicklung der Zielvorstellung hinein, das die Beschäftigung mit dem Ziel spielerischer, leichter und spannender machen kann.

Dieser Arbeitsbogen hat engen Bezug zum lösungsfokussierten Ansatz und zu folgenden anderen Arbeitsbögen:

- Arbeitsbogen 12: Zufriedenheit, Teil 2
- Arbeitsbogen 13: Zehnjahresplan
- Arbeitsbogen 14: Lebensbereiche
- Arbeitsbogen 17: Wichtigkeit
- Arbeitsbogen 18: Zuversicht
- Arbeitsbogen 19: Bereitschaft
- Arbeitsbogen 21: Ziele-Matrix
- Arbeitsbogen 24: Schritt für Schritt vorankommen

Notizen:

Arbeitsbogen 20 – Ziel-Spiel

1. Was ist Ihr Ziel, was wollen Sie erreichen?

2. Falls Ihr oben genanntes Ziel eine Verneinung enthält (z.B. „Ich will keinen Alkohol mehr trinken“ oder „Ich will nicht mehr rauchen“), beantworten Sie bitte folgende Frage: Was soll stattdessen passieren oder was wollen Sie stattdessen tun (z.B. anstatt Alkohol zu trinken oder anstatt zu rauchen)?

3. Würfeln Sie nun mit einem 6-seitigen Würfel und beantworten Sie je nach gewürfelter Zahl die entsprechenden Fragen:

   - Bei Würfelzahl **1**: Wenn Sie Ihr Ziel erreicht haben, was werden Sie dann tun können, das Sie vorher nicht tun konnten? Was wird dann außerdem noch anders sein? Was ist für Sie wichtig daran, Ihr Ziel zu erreichen?

   - Bei Würfelzahl **2**: Angenommen, wir würden Sie an dem Tag, an dem Sie Ihr Ziel erreicht haben, im Fernsehen sehen: Was würden wir dort sehen können, das uns sagen würde, dass Sie Ihr Ziel erreicht haben?

   - Bei Würfelzahl **3**: Was genau wäre ein erster kleiner Schritt, den Sie hier und heute mit den Ihnen jetzt bereits zur Verfügung stehenden Mitteln tun könnten, um sich auf den Weg zu Ihrem Ziel zu machen? Inwiefern wäre dieser erste kleine Schritt hilfreich? Ist das etwas, das Sie wirklich tun könnten? Wenn ja, was lässt Sie das meinen?

   - Bei Würfelzahl **4**: Wenn Sie Ihr Ziel erreicht haben: Wer außer Ihnen selbst wäre am meisten davon überrascht oder darüber erstaunt, dass Sie es geschafft haben, Ihr Ziel zu erreichen?

   - Bei Würfelzahl **5**: Wie zuversichtlich sind Sie, Ihr Ziel erreichen zu können? Was passiert zur Zeit in Ihrem Leben, das Ihnen sagt, dass Sie Ihr Ziel erreichen können? Woher wissen Sie, dass Ihr Ziel realisierbar ist?

   - Bei Würfelzahl **6**: Wenn Sie Ihr Ziel erreicht haben: Wer außer Ihnen selbst würde oder könnte sich am meisten darüber freuen, dass Sie es geschafft haben, Ihr Ziel zu erreichen?

5.10 Ziele-Matrix

Arbeitsbogen 21, Ziele-Matrix, befasst sich mit verschiedenen Blickwinkeln auf ein Problem oder eine Aufgabe. Er dient dabei vor allem der Planung möglicher Ziele und der Schritte zur Erreichung dieser Ziele. Verwandte Themen, die durch diesen Arbeitsbogen berührt werden, sind zum Beispiel:

- Was genau strebt jede einzelne beteiligte Person jeweils an, was genau will sie erreichen, welches Ziel hat sie jeweils?
- Wie könnten die Wege zu den jeweiligen Zielen aussehen?
- Auf welche gemeinsamen Ziele und Schritte könnten sich die beteiligten Personen am ehesten einigen?
- In welchen Bereichen werden sie höchstwahrscheinlich keine Einigung erzielen?
- Wann gelang es mir in meinem Leben am besten, gute Kompromisse zu schließen?
- Wie sah und beurteilte ich diese Situationen damals?
- Wie sehe und beurteile ich sie heute?

Zur Verhinderung oder Bearbeitung von Spaltungsprozessen oder Konflikten kann es sinnvoll sein, die einzelnen Ziele aller Beteiligten und die jeweiligen Vorstellungen von den Wegen zur Zielerreichung aufzulisten. Dabei können gegenseitige Unterstützungsmöglichkeiten und neue Lösungen sichtbar werden.

Dieser Arbeitsbogen hat engen Bezug zur Motivierenden Gesprächsführung, zum Case Management und zu folgenden anderen Arbeitsbögen:

- Arbeitsbogen 1: Bewahrenswertes
- Arbeitsbogen 12: Zufriedenheit, Teil 2
- Arbeitsbogen 13: Zehnjahresplan
- Arbeitsbogen 14: Lebensbereiche
- Arbeitsbogen 17: Wichtigkeit
- Arbeitsbogen 18: Zuversicht
- Arbeitsbogen 19: Bereitschaft

Notizen:

Arbeitsbogen 21 – Ziele-Matrix

Anlass:

Name, Vorname	Um welches Ziel oder welche Ziele geht es ihm/ihr?	Welche Schritte auf dem Weg zum Ziel oder zu den Zielen hält er/sie für nötig?	Wer oder was könnte oder sollte seiner/ihrer Meinung nach bei den einzelnen Schritten jeweils helfen?

Ergänzungen:

6  Modul 4: Handeln und Erfolgskontrolle – Am Anfang war die Tat!

Genau genommen heißt es ja. „Im Anfang war die Tat!" – zumindest, wenn es ein Goethe-Zitat sein soll. Es stammt aus Johann Wolfgang von Goethes „Faust – Der Tragödie erster Teil". Die Hauptperson dieses Dramas, Dr. Faust, sitzt dabei gerade in seinem Studierzimmer und sinnt darüber nach, was denn nun laut dem Evangelium, das er gerade übersetzen will, „im Anfang" war. Nachdem ihm „das Wort", „der Sinn" und „die Kraft" nicht ganz passend erschienen sind, entscheidet er sich schließlich für „die Tat" als das, was im Anfang war. Deutlicher kann man die Bedeutung, die dem Tun, Machen oder Handeln zukommt, wohl kaum herausstellen.

In diesem Sinne geht es nun frohen Mutes
an das letzte Modul dieses Buches.

Angenommen, jemand würde mehrere Bilder für eine Bildergalerie über Ihre Zukunft malen mit dem Titel „Schritte"! Diese Bilder würden zahlreiche Dinge zeigen, die Sie in Ihrer Zukunft tun könnten bzw. Schritte, die Sie in Ihrer Zukunft gehen könnten.

- Was wäre auf dem ersten Bild dieser Galerie zu sehen?
- Wenn Sie den Maler beim Malen beraten würden: Was würden Sie ihm sagen?
- Welche Erlebnisse sollte die Bildergalerie auf alle Fälle enthalten? Welche dürften auf gar keinen Fall fehlen?
- Welche Erlebnisse sollten lieber nicht in den Bildern vorkommen? Was sollte nicht geschehen? Und was sollte zwar in Zukunft geschehen, aber nicht auf den Bildern gezeigt werden?
- Würde die Galerie eher wenige oder eher viele Bilder enthalten? Wie viele Bilder wären es? Zwei, drei oder gar mehr als hundert?

Wären Aquarelle, Ölbilder oder Radierungen dabei? Falls bestimmte Farben vorherrschen würden: Welche Farben wären das?
- Welche alternativen Titel fallen Ihnen zu demselben Thema ein? Wie könnte die Bildergalerie bei gleichem Inhalt sonst noch heißen?
- Was wäre auf dem letzten Bild dieser Galerie zu sehen?
- ... und was fällt Ihnen noch alles dazu ein?

Aus dieser Idee des Bilder-Malens lassen sich viele weitere Fragen und Geschichten zur Erarbeitung und Besprechung der Arbeitsbögen 22 bis 25 ableiten.

Um eine möglichst vielfältige Bildergalerie zu erhalten, kann es, ähnlich wie bei der Filmproduktion in Kapitel 5, sehr hilfreich sein, sich für mehrere Bilder der Galerie Alternativen einfallen zu lassen. Ein alternativer Anfang und ein alternatives Ende könnten auch hier eventuell die Bedeutung des Ganzen verändern. Ebenso könnten alternative Bilder in der Mitte der Galerie unterschiedliche Akzente setzen. Auch hier ist es wieder wichtig, verschiedene Möglichkeiten im Sinn zu behalten (O`Hanlon/Beadle 1998).

Alle vier Arbeitsbögen dieses Moduls beinhalten Fragen zur Handlungsplanung und Erfolgskontrolle. Zwischen der Handlungsplanung und der Erfolgskontrolle liegt die Handlungsrealisierung (im Volksmund auch als „Handlung“, „tun“, „handeln“, „machen“ oder „Tat“ bekannt), die sich aus Sicht der Motivationsforschung folgendermaßen beschreiben lässt (Kuhl 2001; Heckhausen 2003, 197f.):

- Die handelnde Person richtet ihre Aufmerksamkeit auf alle Informationen, die ihre Absicht zur Realisierung ihres Zieles unterstützen und fördern.
- Sie betrachtet aus diesen Informationen wiederum alles das genauer, was ihr Handeln und die Realisierung Ihres Zieles unterstützt und fördert.
- Die handelnde Person erzeugt, hegt und pflegt in sich alle die Gefühle, die ihr Handeln zur Erreichung ihres Zieles unterstützen und fördern.
- Sie führt sich immer wieder die von ihr gewünschten positiven Folgen der Erreichung des Zieles vor Augen.
- Sie fördert und vermehrt in ihrer Umgebung alles, was ihr Handeln zur Zielerreichung unterstützt und fördert; sie verringert oder beseitigt in ihrer Umgebung alles, was ihr Handeln zur Zielerreichung hemmt oder bremst.
- Die handelnde Person handelt zügig.

- Sie bleibt bei Misserfolgen gelassen und setzt sich neue Ziele, falls sie das ursprüngliche Ziel trotz hohem Einsatz nicht erreicht.

In Modul 4 geht es um die Umwandlung der zuvor gesammelten Schätze (Modul 1), Bewältigungsstrategien (Modul 2) sowie Perspektiven und Ziele (Modul 3) in aktives Handeln. Arbeitsbogen 22 (Problemlösestrategien) behandelt die Frage, ob ein aktuelles Problem vorrangig allein vom Betroffenen oder in erster Linie mittels Unterstützung von außen gelöst werden soll. Arbeitsbogen 23 (Veränderungsplan) verbindet diese beiden grundsätzlichen Lösungsstrategien und weist gleichzeitig auf die Möglichkeit weiterer alternativer Lösungsmöglichkeiten hin. Mittels Arbeitsbogen 24 (Schritt für Schritt vorankommen) können Ziele operationalisiert und in eine Tätigkeiten-Checkliste überführt werden. Die Erfolgskontrolle wird dann schließlich mittels Arbeitsbogen 25 (Verbesserungen) durchgeführt.

Fallbeispiel: Umsetzung eines Trainings- und Ernährungsplanes

Herr C. möchte sich gesünder ernähren und Sport treiben. Bei der Bearbeitung des Moduls 4 wird ihm zuerst klar, dass er diese Ziele höchstwahrscheinlich nicht aus eigener Kraft erreichen wird, sondern Unterstützung dabei braucht. Er tritt daher der Laufgruppe eines Sportvereins bei und macht einen vegetarischen Kochkurs an der Volkshochschule. Die Erstellung eines konkreten Plans zur Verwirklichung seiner Ziele im Alltag bis hin zum Führen detaillierter Checklisten zur Einhaltung seines Ernährungs- und Sportprogramms gibt ihm immer wieder die nötigen kleinen aber regelmäßigen Motivationshilfen um „bei der Stange zu bleiben“. Nach 3 Monaten stellt er fest, dass er bereits 4 Kilogramm abgenommen hat, deutlich ausdauernder geworden ist, sich körperlich und psychisch besser fühlt und besser schlafen kann.

Und nun: Viel Erfolg bei der Handlungsplanung, Handlungsrealisierung und Erfolgskontrolle!

6.1 Problemlösestrategien

Arbeitsbogen 22, Problemlösestrategien, befasst sich unter anderem mit der Frage, ob jemand ein Problem lieber alleine oder mit Hilfe anderer Menschen lösen möchte. Je nachdem, wie diese Entscheidung ausfällt, bieten sich unterschiedliche Strategien zur Lösung des Problems an. Verwandte Themen, die durch diesen Arbeitsbogen berührt werden, sind zum Beispiel:

- Wann fällt es mir leicht, um Hilfe zu bitten, wenn ich welche brauche?
- Wann fällt mir das nicht so leicht?
- Wann finde ich es sinnvoll, Probleme alleine zu lösen?
- Wann könnte ich auf Hilfe verzichten, die ich bisher gewohnt war?
- Welche Probleme würde ich nicht alleine lösen wollen, selbst wenn ich es könnte?
- Bei welchen Problemen würde ich nicht um Hilfe bitten, selbst wenn ich sie bräuchte und auch bekommen könnte?
- Wie beurteile ich Selbsthilfe im Vergleich zur Hilfe von anderen Menschen?

Vergleicht man die in dem Arbeitsbogen aufgeführten Lösungsstrategien mit dem bisherigen Vorgehen einer Person beim Lösen von Problemen, lassen sich eventuell deutliche Präferenzen für eine der beiden Strategien feststellen. Danach kann es sinnvoll sein, genau zu überlegen, welche positiven Konsequenzen der Ausbau und die Verbesserung der bisher nicht bevorzugten Strategie haben könnten.

Dieser Arbeitsbogen hat engen Bezug zum Case Management und zu folgenden anderen Arbeitsbögen:

- Arbeitsbogen 14: Lebensbereiche
- Arbeitsbogen 20: Ziel-Spiel
- Arbeitsbogen 23: Veränderungsplan
- Arbeitsbogen 24: Schritt für Schritt vorankommen
- Arbeitsbogen 25: Verbesserungen

Notizen:

____

____

____

____

____

____

Arbeitsbogen 22 – Problemlösestrategien

1. Worin besteht das Problem?

2. Wie möchten Sie das Problem lösen?

   a. Sie möchten das Problem alleine lösen:

   - In welche kleinen Teile lässt sich das Problem aufteilen?
   - Welche Teile des Problems wollen Sie angehen?
   - Welche einzelnen Schritte könnten dabei hilfreich sein?
   - Wie könnte ein genauer Plan zur Verwirklichung dieser Schritte aussehen?
   - Nachdem Sie Ihren Plan zur Lösung des Problems in die Tat umgesetzt haben: Was ist bei der ganzen Sache herausgekommen? Wie soll es jetzt weitergehen?

   b. Sie möchten das Problem mit Hilfe anderer Menschen lösen:

   - Wer kann Ihnen (vermutlich) am besten helfen?
   - Wen könnten Sie sonst noch alles in die Hilfe und Unterstützung einbinden?
   - Was genau wollen Sie vereinbaren?
   - Wann wollen Sie die Ergebnisse überprüfen?
   - Nach Ablauf der vereinbarten Zeit: Was ist bei der ganzen Sache herausgekommen? Wie soll es jetzt weitergehen?

Ergänzungen:

____

____

____

____

____

____

6.2 Veränderungsplan

Arbeitsbogen 23, Veränderungsplan, befasst sich unter anderem mit der Verbindung von Selbsthilfe und Hilfe durch andere Menschen auf dem Weg zur Erreichung eines Zieles. Manchmal wird die Erreichung eines Zieles erst durch diese Verbindung verschiedener Hilfearten ermöglicht. Verwandte Themen, die durch diesen Arbeitsbogen berührt werden, sind zum Beispiel:

- Wann fällt es mir leicht, mit anderen Menschen oder Institutionen zusammen zu arbeiten?
- Wann fällt mir das nicht so leicht?
- Wann fällt es mir leicht, mir verschiedene alternative Ziele zu setzen?
- Wann fällt mir das nicht so leicht?
- Wann hat die Zusammenarbeit mit anderen Menschen oder Institutionen in meinem Leben besonders gut funktioniert?
- Wie sah und beurteilte ich diese Situationen damals?
- Wie sehe und beurteile ich sie heute?

Um sich nicht durch Lösungsversuche festzufahren, die nicht funktionieren, kann es sinnvoll sein, sich (vorher) alternative Lösungen auszudenken. Die Entwicklung verschiedener Pläne zur Zielerreichung kann darüber hinaus auch bisher noch nicht beachtete Ressourcen und Möglichkeiten besser sichtbar und nutzbar machen.

Dieser Arbeitsbogen hat engen Bezug zur Motivierenden Gesprächsführung, zum Case Management und zu folgenden anderen Arbeitsbögen:

- Arbeitsbogen 12: Zufriedenheit, Teil 2
- Arbeitsbogen 13: Zehnjahresplan
- Arbeitsbogen 14: Lebensbereiche
- Arbeitsbogen 20: Ziel-Spiel
- Arbeitsbogen 21: Ziele-Matrix
- Arbeitsbogen 24: Schritt für Schritt vorankommen
- Arbeitsbogen 25: Verbesserungen

Notizen:

____

____

____

____

____

____

Arbeitsbogen 23 – Veränderungsplan

1. Welche Veränderungen oder Verbesserungen wünschen Sie sich? Welche Ziele verfolgen Sie dabei?

2. Welche einzelnen Schritte werden Sie zur Verwirklichung dieser Ziele unternehmen? Woran genau werden Sie dabei ganz konkret erkennen, dass Sie auf dem richtigen Weg sind und Ihren Zielen näher kommen? Welche Zwischenziele gibt es dabei?

3. Bis wann soll jeder einzelne der unter Punkt Nr. 2 genannten Schritte getan sein?

4. Wer oder was kann Ihnen auf welche Art und Weise bei der Verwirklichung dieses Planes helfen?

   a. Welche Personen?
   b. Welche Institutionen?
   c. Wer oder was kann sonst noch helfen?
   d. Wie könnten diese Hilfen jeweils genau aussehen?

5. Wie könnten alternative Pläne aussehen, für den Fall, dass dieser Plan nicht funktioniert?

   - Plan B:
   - Plan C:

6. Überprüfung am (Datum) ____. ____. ____: Was ist als Ergebnis bisher herausgekommen?

7. Nach der Überprüfung des Ergebnisses: Wie soll es jetzt weitergehen?

6.3 Schritt für Schritt vorankommen

Arbeitsbogen 24, Schritt für Schritt vorankommen, befasst sich damit, Ziele in Teilziele und dann in einzelne Schritte zu untergliedern, um so das Gesamtziel in kleinen Schritten nach und nach erreichen zu können. Es geht also um die stufenweise Annäherung an ein Ziel, das man ohne diese Unterteilung (höchstwahrscheinlich) nicht erreichen würde. Verwandte Themen, die durch diesen Arbeitsbogen berührt werden, sind zum Beispiel:

- Wann gelingt es mir gut, Ziele Schritt für Schritt zu erreichen?
- Wann gelingt mir das nicht so gut?
- Wie leicht fällt es mir, den ersten Schritt zu tun?
- Wie viel Ausdauer zeige ich bei der Verwirklichung meiner Ziele?
- Welche Projekte in meinem Leben forderten bisher am meisten Ausdauer?
- Wie sah und beurteilte ich diese Projekte damals?
- Wie sehe und beurteile ich sie heute?

Wenn man ein Ziel Schritt für Schritt erreicht hat, wundert man sich manchmal hinterher, dass einem dieses Ziel früher so riesig groß und fast unerreichbar fern vorkam. Ziele in Teilziele und Schritte zu untergliedern, kann also unter anderem dabei helfen, genügend Ausdauer zur Zielerreichung zu entwickeln.

Dieser Arbeitsbogen hat engen Bezug zum Case Management und zu folgenden anderen Arbeitsbögen:

- Arbeitsbogen 13: Zehnjahresplan
- Arbeitsbogen 14: Lebensbereiche
- Arbeitsbogen 15: Widerstandsfähigkeit, Teil 2
- Arbeitsbogen 20: Ziel-Spiel
- Arbeitsbogen 21: Ziele-Matrix
- Arbeitsbogen 22: Problemlösestrategien
- Arbeitsbogen 23: Veränderungsplan
- Arbeitsbogen 25: Verbesserungen

Notizen:

Arbeitsbogen 24 – Schritt für Schritt vorankommen

1. Was ist Ihr Ziel? Was wollen Sie erreichen?
2. In welche Teilziele lässt sich das Ziel unterteilen?
3. Welche Schritte ergeben sich aus den Teilzielen? Haben Sie die Schritte getan? Welches Ergebnis hat der jeweilige Schritt gebracht?

a. Planung	b. Erfolgskontrolle		
Welche Schritte können Sie heute oder morgen konkret tun, um Ihren Teilzielen näher zu kommen?	**Haben Sie es getan?**		**Ergebnis des jeweiligen Schrittes:**
	Ja	**Nein**	

4. Was ist als Gesamtergebnis bisher herausgekommen?
5. Wie soll es jetzt weitergehen?

6.4 Verbesserungen

Arbeitsbogen 25, Verbesserungen, befasst sich mit Veränderungen in Bezug auf ein Ziel oder eine schlechte oder ungünstige Ausgangslage. Es geht dabei hauptsächlich um die Frage, wie man eine schwierige Situation zum Besseren wenden kann. Verwandte Themen, die durch diesen Arbeitsbogen berührt werden, sind zum Beispiel:

- Wie kann ich mehr von dem tun, was funktioniert?
- Wie kann ich das, was nicht funktioniert, unterlassen?
- Was kann ich anstelle der Dinge, die nicht funktionieren, tun?
- Was kann mir alles helfen, gut voranzukommen?
- Wann bin ich in meinem Leben besonders gut vorangekommen?
- Was bedeuteten mir diese Situationen damals?
- Was bedeuten Sie mir heute?

Dieser Arbeitsbogen berücksichtigt explizit die „drei Hauptsätze der lösungsfokussierten Ressourcendynamik“:

1. Tue mehr von dem, was funktioniert!
2. Wenn etwas nicht funktioniert, tue stattdessen etwas anderes!
3. Plane und kontrolliere den Transfer der Lösungen in den Alltag!

Dieser Arbeitsbogen hat engen Bezug zum lösungsfokussierten Ansatz und zu folgenden anderen Arbeitsbögen:

- Arbeitsbogen 1: Bewahrenswertes
- Arbeitsbogen 12: Zufriedenheit, Teil 2
- Arbeitsbogen 13: Zehnjahresplan
- Arbeitsbogen 14: Lebensbereiche
- Arbeitsbogen 20: Ziel-Spiel
- Arbeitsbogen 21: Ziele-Matrix
- Arbeitsbogen 23: Veränderungsplan
- Arbeitsbogen 24: Schritt für Schritt vorankommen

Notizen:

Arbeitsbogen 25 – Verbesserungen

1. Was hat sich inzwischen verbessert? Was ist besser geworden? Was läuft besser? (Zum Beispiel: „Was ist besser geworden, seit Sie angefangen haben, sich mit dem Problem zu befassen?“, „Was läuft besser als vor Beginn der Beratung?“ oder „Was läuft besser seit unserem letzten Gespräch?“)
2. Wie können Sie diese Verbesserungen nutzen?
3. Was kann Ihnen dabei helfen?
4. Falls sich nichts verbessert hat: Was können Sie anders machen? Wie können Sie anders vorgehen?
5. Inwiefern wäre dieses veränderte Vorgehen nützlich?
6. Was kann Ihnen dabei helfen?

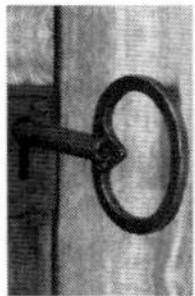

7 Auswertungsbögen

Die Auswertungsbögen für Klienten und Gesprächsleiter befassen sich mit der qualitativen, ressourcenorientierten Auswertung von Gesprächen. Diese Gespräche können einzelne Arbeitsbögen dieses Buches, aber auch andere Inhalte zum Thema haben. Verwandte Themen, die durch die Auswertungsbögen berührt werden, sind zum Beispiel:

- Wie gut ist die Arbeitsbeziehung zwischen Klient und Gesprächsleiter?
- Was müsste passieren, damit sie besser wäre?
- Wie gut ist die Gesprächsatmosphäre?
- Was müsste passieren, damit sie besser wäre?
- Wie gut sind die (bisherigen) Ergebnisse der Zusammenarbeit und die Vorgehensweise?
- Was müsste passieren, damit sie besser wären?
- Was gibt es in den gemeinsamen Gesprächen (noch) zu klären?

Die Auswertungsbögen können von großem Nutzen sein, um regelmäßig zu überprüfen, ob die Gespräche noch auf dem richtigen Weg sind und sich die Zusammenarbeit in die gewünschte Richtung entwickelt. Sollte dies nicht der Fall sein, dann liegen zwei der Ursachen häufig darin, dass

1. die Änderungstheorie des Klienten (noch) zu wenig beachtet und berücksichtigt wurde und
2. wichtige Ressourcen des Klienten oder seines Umfeldes (noch) nicht ausreichend in die Arbeit einbezogen wurden.

Notizen:

______

______

______

______

______

______

Auswertungsbogen für Gesprächsleiter

- Klient:
- Gesprächsleiter:
- Ort, Datum und Dauer des Gesprächs:
- Erarbeitete Arbeitsbögen:

1. Welche Ressourcen, Stärken und Möglichkeiten, die Ihnen vorher nicht bewusst waren, haben Sie auf Seiten des Klienten und in dessen Umfeld entdeckt?

2. Welche Ressourcen, Stärken und Möglichkeiten, Ihrem Klienten zu helfen oder ihn zu unterstützen, die Ihnen vorher nicht bewusst waren, haben Sie bei sich selbst entdeckt?

3. Welche Schwierigkeiten, die Ihnen vorher nicht bewusst waren, haben Sie auf Seiten des Klienten und in dessen Umfeld entdeckt?

4. Welche Schwierigkeiten, Ihrem Klienten zu helfen oder ihn zu unterstützen, die Ihnen vorher nicht bewusst waren, haben Sie bei sich selbst entdeckt?

5. Wie können Sie diese neuen Erkenntnisse nutzen?

Auswertungsbogen für Klienten

- Klient:
- Gesprächsleiter:
- Ort, Datum und Dauer des Gesprächs:
- Erarbeitete Arbeitsbögen:

1. Welche Ressourcen, Stärken und Möglichkeiten, die Ihnen vorher nicht bewusst waren, haben bei sich selbst und in Ihrem Umfeld entdeckt?

   ____
   ____
   ____

2. Welche Ressourcen, Stärken und Möglichkeiten, Ihnen zu helfen oder Sie zu unterstützen, die Ihnen vorher nicht bewusst waren, haben Sie auf Seiten des Gesprächsleiters entdeckt?

   ____
   ____
   ____

3. Welche Schwierigkeiten, die Ihnen vorher nicht bewusst waren, haben Sie bei sich selbst und in Ihrem Umfeld entdeckt?

   ____
   ____
   ____

4. Welche Schwierigkeiten, Ihnen zu helfen oder zu unterstützen, die Ihnen vorher nicht bewusst waren, haben Sie auf Seiten des Gesprächsleiters entdeckt?

   ____
   ____
   ____

5. Wie können Sie diese neuen Erkenntnisse nutzen?

   ____
   ____
   ____

8 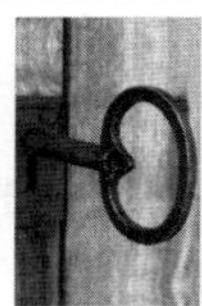 Wie geht es jetzt weiter?

Bei der Arbeit mit diesem Buch sind bei Ihnen möglicherweise Fragen der folgenden Art aufgetaucht:

- Wie arbeitet man nun mit den ausgefüllten Bögen der Klienten weiter?
- Wie kommt man vom Arbeitsbogen zur Verhaltensänderung?
- Wie gelingt der Transfer der bei der Erarbeitung der Arbeitsbögen gemachten Entdeckungen und Erfahrungen in den Alltag?

Einige Anregungen hierzu haben Sie sicherlich schon in der Einleitung und in den zahlreichen Fallbeispielen gefunden. Nachfolgend soll nun in etwas komprimierterer Weise auf die o.g. Fragen eingegangen werden.

8.1 Wie arbeitet man mit den ausgefüllten Bögen der Klienten weiter?

Die ausgefüllten Arbeitsbögen bieten nicht nur eine gute Verlaufsdokumentation des Beratungs- oder Therapieprozesses, sondern auch einen ausgezeichneten Ausgangspunkt für weitere Gespräche.

Erfahrungen, die der Klient beim Erarbeiten der Arbeitsbögen gemacht hat, sollten unbedingt im weiteren Verlauf aufgegriffen werden. Sind bereits positive Veränderungen für den Klienten spürbar geworden, können diese durch Erfragen von Details im Erleben des Klienten ausgeweitet und verankert werden. Arbeitsbogen 25, Verbesserungen, kann hierbei als Kristallisationspunkt für das weitere Vorgehen genutzt werden. Haben sich allein durch das Ausfüllen der Arbeitsbögen bereits (kleine) Verbesserungen im Leben oder Erleben des Klienten gezeigt (was nicht selten der Fall ist), geht es nun um die Fragen, wie diese Verbesserungen genutzt werden können, und was alles seitens des Klienten oder seines Umfeldes zur Nutzung und Ausweitung dieser Verbesserungen beitragen kann. Falls beim Erarbeiten der Arbeitsbögen (noch) keine Verbesserungen spürbar geworden sind, sollte geklärt werden, was man in den verbleibenden Gesprächen anders machen sollte, wie man besser vorgehen kann, und was dabei helfen könnte.

Oftmals kommt es durch ressourcenorientiertes Arbeiten beim Klienten relativ schnell zu einem leichten Wertewandel. Das Bewusstwerden von Ressourcen, Stärken und Möglichkeiten erweckt und verstärkt oft Gefühle von Dankbarkeit, Geborgenheit und Hoffnung, die uns im Alltag selten so deutlich vor Augen treten. Danach taucht manchmal die Frage auf, welche neue Richtung diese leicht veränderte Wahrnehmung dem Leben des Klienten jetzt geben soll. Hierdurch können auch die Beratung oder Therapie einen veränderten Verlauf nehmen.

8.2 Wie kommt man vom Arbeitsbogen zur Verhaltensänderung?

Ob, und inwiefern Verhaltensänderungen durch Beratung und Therapie initiiert werden, hängt vor allem davon ab, wie stark therapeutische Wirkprinzipien im jeweiligen Einzelfall zum Tragen gebracht werden können. Das hier als Erklärungsmodell verwendete Wirkprinzipienkonzept wurde von dem Psychotherapieforscher Klaus Grawe entwickelt. Die Wirkprinzipien, um die es hierbei geht, sind (Grawe 1994):

- Ressourcenaktivierung,
- Problemaktualisierung,
- aktive Hilfe zur Problembewältigung,
- therapeutische Klärung.

Durch ressourcenorientiertes Arbeiten im Allgemeinen und das Erarbeiten der Arbeitsbögen dieses Buches im Besonderen, wird der Berater oder Therapeut vom Klienten oftmals als unterstützend, Selbstwert stärkend und aufbauend erlebt. Dies ist bereits einer der Hauptaspekte der Ressourcenaktivierung in Beratung und Therapie. Gleichzeitig werden natürlich auch Ressourcen im Umfeld des Klienten bewusst und damit besser nutzbar gemacht. Die soziale Unterstützung verstärkt sich, und damit auch das Erleben und Verhalten des Klienten. Alles dies gehört zur Ressourcenaktivierung. Bei der Arbeit mit diesem Buch kann dies gut durch Modul 1, Schätze bergen, unterstützt werden.

Besonders durch die Arbeitsbögen des Moduls 2, Bewältigungsstrategien, geraten manchmal Probleme des Klienten in den Vordergrund, die sich zum Teil schon lange durch sein Leben ziehen. Unter dem ressourcenorientierten Blickwinkel kann es zu einer Neubewertung dieser Probleme kommen und im Zuge dessen zu einem veränderten Umgang mit ihnen. Die Probleme werden aktualisiert und neu verarbeitet. Dies entspricht dem Wirkprinzip Problemaktualisierung.

Macht der Klient durch die Erarbeitung der Arbeitsbögen die Erfahrung, dass er bereits allein durch die dabei bereits oft auftretenden kleinen Verbesserungen Fortschritte macht, seinen Zielen (vielleicht auch nur ein kleines Stückchen) näher kommt, oder sich eventuell auch nur in seiner aktuellen Problemsituation etwas besser zurechtfindet, so wirken die Arbeitsbögen bereits im Sinne einer aktiven Hilfe zur Problembewältigung. Modul 4, Handeln und Erfolgskontrolle, hat hier seinen Schwerpunkt.

Zu einer therapeutischen Klärung kann es insbesondere mit Hilfe des Moduls 3, Perspektiven entwickeln, kommen. Dies bedeutet unter anderem, dass der Klient sich mittels der Arbeitsbögen seiner Ziele und Werte klarer werden kann. Die Klärung der Motivationen kann auch dazu führen, dass der Klient sich selbst besser annimmt und akzeptiert.

8.3 Wie gelingt der Transfer der gemachten Entdeckungen und Erfahrungen in den Alltag?

Falls dieser Transfer nicht bereits durch die o.g. Wirkprinzipien stattgefunden hat, hilft oftmals ein detaillierter Handlungsplan inklusive Checkliste und Erfolgskontrolle.Hierzu lässt sich Arbeitsbogen 24, Schritt für Schritt vorankommen, gut nutzen.

Die Unterteilung des Zieles des Klienten in Teilziele und die Festlegung einzelner Schritte zur Erreichung dieser Teilziele kann dabei meistens kaum kleinteilig genug sein. Damit der Handlungsplan funktioniert, ist es oft nötig, Schritte zu finden, die innerhalb der nächsten Stunde bereits gegangen werden können, Dinge, die sich schon heute Nachmittag erledigen lassen, oder Maßnahmen, die bis spätestens morgen Mittag umgesetzt sein können. Das gesamte Modul 4 kann hierbei unterstützend wirken.

Sollte der Handlungsplan trotz Detailtreue und ausreichender Kleinteiligkeit nicht funktionieren, kann dies allerdings ein deutlicher Hinweis darauf sein, dass es im Sinne der o.g. Wirkprinzipien bei dem Klienten nicht so sehr um Ressourcenaktivierung, Problemaktualisierung oder aktive Hilfe zur Problembewältigung geht, sondern im Moment eher um therapeutische Klärung. An die Stelle des Transfers der gemachten Erfahrungen in den Alltag sollten dann motivationale Themen, wie z.B. der Sinn des

Zieles des Klienten, treten, oder die Hoffnung, das Ziel zu erreichen (Langosch 2012, 26). Im Rahmen dieses Buches bedeutet das einen Wechsel von Modul 4, Handeln und Erfolgskontrolle, zu Modul 3, Perspektiven entwickeln. Wichtig ist dabei auch, diesen thematischen Wechsel dann nicht als Rückschritt zu werten, sondern als gelungenes Beispiel für klientenzentriertes, ressourcenorientiertes Arbeiten.

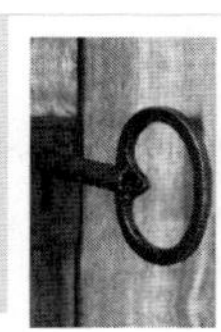

Literatur

APA (American Psychological Association), Discovery Channel (2005): The Road to Resilience. In: www.apahelpcenter.org/dl/the_road_to_resilience.pdf, 01.05.2005

Bamberger, G. (2001): Lösungsorientierte Beratung. 2., vollst. überarb. u. erw. Aufl. Beltz PVU, Weinheim

Bandler, R., Grinder, J. (1980): Metasprache und Psychotherapie – Die Struktur der Magie Bd. 1, Junfermann, Paderborn

Cecchin, G., Lane, G., Ray, W. A. (2002): Respektlosigkeit. 3. Aufl. Carl Auer, Heidelberg

de Jong, P., Berg, I. K. (2003): Lösungen (er-)finden. 5., verb. u. erw. Aufl. modernes lernen, Dortmund

de Shazer, S. (1999a): Der Dreh. 6. Aufl. Carl Auer, Heidelberg

de Shazer, S. (1999b): Wege der erfolgreichen Kurztherapie, 7. Aufl. Klett-Cotta, Stuttgart

de Shazer, S. (1998a): Das Spiel mit Unterschieden. 3. Aufl. Carl Auer, Heidelberg

de Shazer, S. (1998b): „... Worte waren ursprünglich Zauber". 2. Aufl. modernes lernen, Dortmund

de Shazer, S., Dolan, Y. (2013): Mehr als ein Wunder. 3. Aufl. Carl Auer, Heidelberg

Dolan, Y. M. (1985): A Path with a Heart. Brunner/Mazel, New York

Duncan, B. L. (2005): What`s Right With You. Debunking Dysfunction and Changing Your Life. Health Communications, Deerfield Beach

Duncan, B. L., Hubble, M. A., Miller, S. D. (1998): Aussichtslose Fälle. Die wirksame Behandlung von Psychotherapie-Veteranen. Klett-Cotta, Stuttgart

Duncan, B. L., Miller, S. D. (2005): „What Works" in Therapy? In: www.talkingcure.com/docs/What_Works.doc, 01.05.2005

Duncan, B. L., Miller, S.D., Sparks, J. A. (2004): The Heroic Client. Revised Paperback Edition. Jossey-Bass, San Francisco

Duncan, B. L., Miller, S. D. (2003): Die Veränderungstheorie des Klienten: Den Klienten im integrativen Prozess beratend um Rat fragen. In: Schemmel, H., Schaller, J. (Hrsg.): Ressourcen – Ein Hand- und Lesebuch zur therapeutischen Arbeit. dgvt, Tübingen, 123–146

Furman, B. (2001): Es ist nie zu spät, eine glückliche Kindheit zu haben. 3. Aufl. borgmann, Dortmund
Furman, B., Ahola, T. (2001): Die Zukunft ist das Land, das niemandem gehört. 2. Aufl. Klett-Cotta, Stuttgart

Galuske, M. (2001): Methoden der Sozialen Arbeit. 3., überarb. u. erw. Aufl. Beltz Juventa, Weinheim/München
Grawe, K. (1994): Die vier therapeutischen Wirkprinzipien. In: www.psychotherapie.org/klaus/ref-grawe-2.html, 20.01.2015
Grossmann, K. P. (2000): Der Fluss des Erzählens. Carl Auer, Heidelberg

Hargens, J. (2000): Bitte nicht helfen! Es ist auch so schon schwer genug. 2. Aufl. Carl Auer, Heidelberg
Heckhausen, H. (2003): Motivation und Handeln. 2., völlig überarb. und ergänzte Aufl. Springer, Berlin
Henderson, N. (2005): The Resiliency Quiz. In: www.resiliency.com/htm/resiliencyquiz.htm, 01.05.2005
Hesse, J. (2000): Möglichkeiten erleben, Ressourcen erkunden, Lösungswege entdecken. In: Hargens, J., Eberling, W. (Hrsg.): Einfach kurz und gut – Teil 2, borgmann, Dortmund, 77–116
Hubble, M. A., Duncan, B. L., Miller, S. D. (Hrsg.) (2001): So wirkt Psychotherapie. modernes lernen, Dortmund

Jackson, P. Z., McKergow, M. (2002): The Solutions Focus. Nicholas Brealy, London

Kähler, H. (2005): Soziale Arbeit in Zwangskontexten. Ernst Reinhardt, München
Keller, S., Velicer, W. F., Prochaska, J. O. (1999): Das Transtheoretische Modell – Eine Übersicht. In: Keller, S. (Hrsg.): Motivation zur Verhaltensänderung – Das Transtheoretische Modell in Forschung und Praxis. Lambertus, Freiburg/Breisgau, 17–44
Koch, R. (2004): Das 80/20-Prinzip. 2., aktual. Aufl. Campus, Frankfurt/M.
Kuhl, J. (2001): Motivation und Persönlichkeit. Hogrefe, Göttingen

Langosch, A. (2013): Resource-Oriented Interviewing. Grin, München
Langosch, A. (2012): Ressourcenorientierte Gesprächsführung. Grin, München
Langosch, A. (2010): Die Empowerment-Maschine. 2., überarb. u. erw. Aufl. Selbstverlag Andreas Langosch, Kiel
Langosch, A. (2005): Ressourcen, Stärken, Möglichkeiten. Selbstverlag Andreas Langosch, Kiel
Langosch, A. (1997): Das Neurolinguistische Programmieren (NLP) in der Drogenberatung mit Alkoholikern – Möglichkeiten, Grenzen und Risiken. Grin, München
Libet, B. (2005): Mind Time. Suhrkamp, Frankfurt/M.
Loth, W. (2003): Ressourcen bewegen. In: Schemmel, H., Schaller, J. (Hrsg.): Res-

sourcen – Ein Hand- und Lesebuch zur therapeutischen Arbeit. dgvt, Tübingen, 29–49

Loth, W. (2000): Alles im Wunderland? – Notizen von Unterwegs. In: Hargens, J., Eberling, W. (Hrsg.): Einfach kurz und gut – Teil 2, borgmann, Dortmund, 37–57

Loth, W. (1998): Auf den Spuren hilfreicher Veränderungen. modernes lernen, Dortmund

Lusseyran, J. (2002): Das wiedergefundene Licht. 12. Aufl. dtv/Klett-Cotta, München

Marquard, O. (1995): Glück im Unglück. 3. Aufl. Wilhelm Fink, München

Maturana, H. R., Varela, F. J. (2012): Der Baum der Erkenntnis. 5. Aufl. Fischer Taschenbuch, Frankfurt/M.

Miller, S. D., Berg, I. K. (1997): Die Wunder-Methode. modernes lernen, Dortmund

Miller, W. R., Rollnick, S. (2004): Motivierende Gesprächsführung. Lambertus, Freiburg/Breisgau

Neuffer, M. (2005): Case Management. 2.,überarb. Aufl. Beltz Juventa, Weinheim/München

O`Connell, B. (2005): Solution-Focused Therapy. 2. Aufl. Sage Publications, Los Angeles/London/Neu-Delhi/Singapur

O'Gorman, P. (2005): The Anatomy of Resilience - What Makes Some Clients Bounce Back Better Than Others? In: www.counselormagazine.com/display_article.asp?aid=feb04Resilience.htm, 01.05.2005

O'Hanlon, B., Beadle, S. (1998): Das wär' was! Ein Wegweiser ins Möglichkeiten-Land. borgmann, Dortmund

Potreck-Rose, F., Jacob, G. (2003): Selbstzuwendung, Selbstakzeptanz, Selbstvertrauen. Klett-Cotta, Stuttgart

Prochaska, J. O., Norcross, J. C. (2003): Systems of Psychotherapy. 5. Aufl. Thomson Learning, Pacific Grove

Prochaska, J. O., Norcross, J. C., DiClemente, C. C. (2002): Changing for Good. Reprint. Quill, New York

Prochaska, J. O., Norcross, J. C. (2002): Stages of Change. In: Norcross, J. C. (Hrsg.): Psychotherapy Relationships That Work. Oxford University Press, Oxford, 303–314

Rollnick, S., Mason, P., Butler, C. (1999): Health Behavior Change. Churchill Livingstone, Edinburgh

Scheich, G. (2001): Positives Denken macht krank. Eichborn, Frankfurt/M.

Siebert, A. (1996): The Survivor Personality. überarb. u. aktual. Aufl. Perigee, New York

Stavemann, H. H. (2002): Sokratische Gesprächsführung in Therapie und Beratung. Beltz PVU, Weinheim
Szasz, T. (1978): The Myth of Psychotherapy. Syracuse University Press, Syracuse

Walter, J. L., Peller, J. E. (1999): Lösungs-orientierte Kurztherapie. 4. Aufl. modernes lernen, Dortmund
Werner, E. E., Smith, R. S. (2001): Journeys from Childhood to Midlife. Cornell University Press, Ithaca
Weinberger, S. (1998): Klientenzentrierte Gesprächsführung. 8. Aufl. Beltz, Weinheim
Wessel, T., Westermann, H. (2002): Problematischer Alkoholkonsum. Lambertus, Freiburg/Breisgau
Wustmann, C. (2004): Resilienz – Widerstandsfähigkeit von Kindern in Tageseinrichtungen fördern. Beltz, Weinheim/Basel

Register

Anhang

Verzeichnis der 25 Arbeitsbögen in alphabetischer Reihenfolge

Arbeitsbogen	Nr.	Bezug zu	Seite
Ärger	10	Lösungsfokussierter Ansatz/Resilienz	84
Angst	9	Lösungsfokussierter Ansatz/Resilienz	82
Bereitschaft	19	Motivierende Gesprächsführung	106
Bewahrenswertes	1	Lösungsfokussierter Ansatz/Resilienz	64
Entscheidungswaage	16	Motivierende Gesprächsführung	100
Freudige Erlebnisse	4	Lösungsfokussierter Ansatz/Resilienz	70
Lebensbereiche	14	Lösungsfokussierter Ansatz/Case Management	96
Liebevolle Erlebnisse	5	Lösungsfokussierter Ansatz/Resilienz	72
Problemlösestrategien	22	Case Management	115
Scham und Schuld	11	Lösungsfokussierter Ansatz/Resilienz	86
Schöne Situationen	3	Lösungsfokussierter Ansatz/Resilienz	68
Schritt für Schritt vorankommen	24	Case Management	119
Schwierige Situationen	7	Lösungsfokussierter Ansatz/Resilienz	78

Lösungen zu den Übungsaufgaben

Lösungen zu den Übungsaufgaben aus Kapitel 2.1 – Lösungsfokussierte Kurztherapie und lösungsfokussierter Ansatz

1. **Nennen Sie die drei Hauptsätze der lösungsfokussierten Ressourcendynamik**
   Tue mehr von dem, was funktioniert!
   Wenn etwas nicht funktioniert, tue stattdessen etwas anderes!
   Plane und kontrolliere den Transfer der Lösungen in den Alltag!

2. **Was ist im lösungsfokussierten Ansatz mit dem Begriff „Lösungen" gemeint?**
   Lösungen sind im lösungsfokussierten Ansatz Ausnahmen von Beschwerden, die der Klient hat. Dies können sowohl bereits real vorhandene Ausnahmen sein, als auch vorstellbare, also hypothetische Ausnahmen.

3. **An welches Zitat des Dichters Erich Kästner erinnert der dritte Hauptsatz der lösungsfokussierten Ressourcendynamik?**
   „Es gibt nichts Gutes, außer: Man tut es."

4. **Zu welcher Art von Gespräch soll der Klient im lösungsfokussierten Ansatz ermuntert und ermutigt werden?**
   Der Klient wird dazu ermuntert und ermutigt, so viel wie möglich sehr detailliert über Ausnahmezeiten und deren genaue Umstände zu sprechen. Dies nennt sich Solution-Talk: Der Klient spricht über Ausnahmen von der Beschwerde. Dies soll ihm ermöglichen und ihn dabei unterstützen, diese Ausnahmen zu entdecken, zu erforschen und zu fördern. Das Motto dabei lautet: Je mehr der Klient über Ausnahmen von der Beschwerde spricht, desto mehr Ausnahmen wird er bekommen. Es geht also vor allem um eine starke Fokussierung der Aufmerksamkeit auf das erwünschte Erleben.

Lösungen zu den Übungsaufgaben aus Kapitel 2.2 – Resilienz: Widerstandsfähigkeit

1. **Was bezeichnet der Begriff „Resilienz" im psychosozialen Bereich?**
   Im psychosozialen Bereich bezeichnet Resilienz die Fähigkeit, Lebenskrisen und Lebensrisiken ohne anhaltende Beeinträchtigungen durchzustehen und zu bewältigen. Dazu gehören zum Beispiel der Verlust von nahe stehenden Menschen, lange Arbeitslosigkeit, schwere Krankheiten und die Folgen schwerer Unfälle, aber auch Risikofaktoren wie z.B. Armut, Drogenkonsum und Gewalt. Auch die erfolgreiche Überwindung von traumatischen Erlebnissen ist ein Zeichen von Resilienz. Resilienz lässt sich also mit Zähigkeit oder Widerstandsfähigkeit übersetzen.

2. **Nennen Sie die im Text genannten Umwelt-Faktoren, die Resilienz fördern!**
   - mindestens eine stabile Bezugsperson, die Hilfe und Unterstützung bereitstellt und menschliche Wärme, Nähe und Fürsorge vermittelt;
   - hohe Erwartungen, Hoffnungen, Zuversicht und Zutrauen verbunden mit einem angemessenen Leistungsstandard;
   - Möglichkeiten zu einer bedeutungsvollen und sinnvollen Teilhabe am Leben der Gemeinschaft;
   - prosoziale Rollenmodelle, Normen und Werte;
   - klare, transparente, verstehbare und beständige Grenzen, Regeln und Strukturen;
   - Möglichkeiten zum Erwerb und zur Vermittlung von Alltagsfähigkeiten und Sozialkompetenz;
   - positive Beziehungen zu Freunden und Gleichgesinnten.

3. **Nennen Sie die im Text genannten personenbezogenen Resilienz-Faktoren!**
   - die Fähigkeit, realistische Pläne zu machen und Schritt für Schritt zu verwirklichen;
   - ein positives Selbstbild, Vertrauen in die eigenen Stärken und Fähigkeiten, sowie hohe Selbstwirksamkeitsüberzeugungen;
   - gute Fertigkeiten in den Bereichen Kommunikation, Problemlösung und Lernen;

- die Fähigkeit, mit starken Gefühlen und Impulsen klarzukommen, sowie Aktivität und Flexibilität bei der Bewältigung von Schwierigkeiten zu zeigen.

4. Beschreiben Sie die einzelnen Schritte des Drei-Schritte-Prozesses, mit dem sich auf Resilienz bezogene Stärken und Ressourcen im Gespräch mit einem Klienten fördern lassen!

1. Beispiele für Situationen und Erlebnisse finden, in denen der Klient seine Resilienz in der Vergangenheit bereits gezeigt und genutzt hat und ihn ermuntern und ermutigen, darüber zu erzählen.
2. Dem Klienten unter anderem mittels der durch Schritt Nr. 1 gesammelten Beispiele vermitteln, dass er bereits Widerstandsfähigkeit besitzt und diese auch bereits nutzt.
3. Den Klienten dabei unterstützen, seine Resilienz-Fähigkeiten bewusst zur Bewältigung derzeitig anstehender Herausforderungen und Schwierigkeiten einzusetzen.

Lösungen zu den Übungsaufgaben aus Kapitel 2.3 – Motivierende Gesprächsführung und das Modell der Phasen der Veränderung

1. Zeichnen und beschriften Sie eine Entscheidungswaage mit all ihren Komponenten!

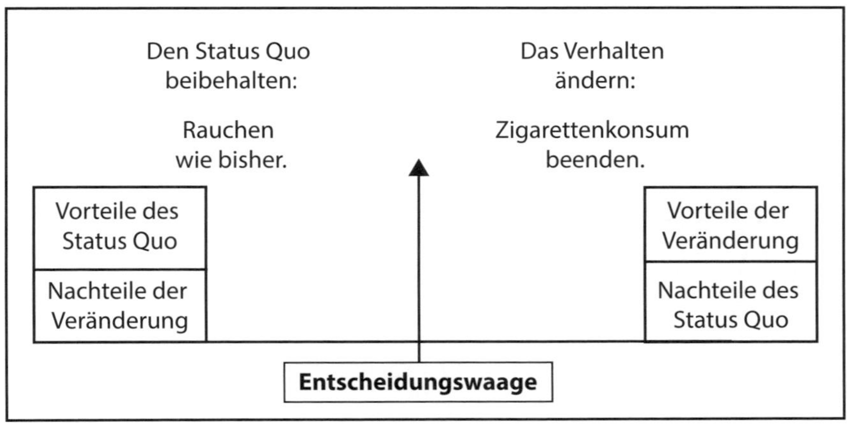

2. Nennen Sie die einzelnen Phasen des Modells der Phasen der Veränderung nach Prochaska und DiClemente!
1. Absichtslosigkeit (Precontemplation)
2. Absichtsbildung (Contemplation)
3. Vorbereitung (Preparation)
4. Handlung (Action)
5. Aufrechterhaltung (Maintenance)
6. Beendigung (Termination)

3. Wie lautet der Lieblingssatz sogenannter unfreiwilliger Klienten in Bezug auf ihre problematischen Verhaltensweisen?
„Ich habe kein Problem!"

4. An welchen Merkmalen kann man erkennen, dass jemand die letzte Phase des Modells der Phasen der Veränderung nach Prochaska und DiClemente erreicht hat?
Dass jemand die Phase der Beendigung erreicht hat, ist vor allem daran zu erkennen, dass
- er ein neues Selbstbild aufgebaut und etabliert hat,
- es für ihn überhaupt keine Situationen mehr gibt, in denen ein Verlangen nach dem ursprünglichen Problemverhalten auftritt,
- ein hohes Selbstbewusstsein und eine solide Selbstsicherheit und Selbsteffizienz bezüglich der Aufrechterhaltung des veränderten Verhaltens bestehen, und
- er nicht nur sein Verhalten, sondern seinen ganzen Lebensstil verändert hat.

Lösungen zu den Übungsaufgaben aus Kapitel 2.4 – Case Management

1. Wann, von wem und wo wurde das Case Management entwickelt?
Das Case Management wurde Ende der 1970er Jahre von Sozialdiensten in den USA entwickelt.

2. Welche Hilfearten verbindet das Case Management miteinander?
Das Case Management verbindet Einzelfallhilfe mit sozialer Netzwerkarbeit.

3. Nennen Sie die einzelnen Phasen des Case-Management-Prozesses!
1. Kontaktaufnahme
2. Assessment sowie Problem- und Ressourcenanalyse
3. Zielvereinbarung sowie Hilfe- und Veränderungsplanung
4. Durchführung inklusive Vermittlung, Organisation, Koordination und Verlaufsbeobachtung bzw. Monitoring
5. Re-Assessment, Evaluation und gegebenenfalls Beendigung der Zusammenarbeit

4. Welcher Art von Schemata entspricht der Case-Management-Prozess weitgehend?
Der Case-Management-Prozess entspricht weitgehend gängigen allgemeinen Problemlöseschemata.

Informationen zur beiliegenden CD-ROM

Die CD-ROM befindet sich im hinteren Buchdeckel. Sie enthält die Arbeitsbögen mit den jeweils dazugehörenden Einweisungen sowie die beiden Auswertungsbögen mit der dazugehörenden Einweisung.

Inhaltsverzeichnis der CD-ROM:
Arbeitsbogen 1 Bewahrenswertes
Arbeitsbogen 2 Zufriedenheit 1
Arbeitsbogen 3 Schöne Situationen
Arbeitsbogen 4 Freudige Erlebnisse
Arbeitsbogen 5 Liebevolle Erlebnisse
Arbeitsbogen 6 Widerstandsfähigkeit 1
Arbeitsbogen 7 Schwierige Situationen
Arbeitsbogen 8 Trauer
Arbeitsbogen 9 Angst
Arbeitsbogen 10 Ärger
Arbeitsbogen 11 Scham Schuld
Arbeitsbogen 12 Zufriedenheit 2
Arbeitsbogen 13 Zehnjahresplan
Arbeitsbogen 14 Lebensbereiche
Arbeitsbogen 15 Widerstandsfähigkeit 2
Arbeitsbogen 16 Entscheidungswaage
Arbeitsbogen 17 Wichtigkeit
Arbeitsbogen 18 Zuversicht
Arbeitsbogen 19 Bereitschaft
Arbeitsbogen 20 Ziel-Spiel
Arbeitsbogen 21 Ziele-Matrix
Arbeitsbogen 22 Problemlösestrategien
Arbeitsbogen 23 Veränderungsplan
Arbeitsbogen 24 Schritt für Schritt vorankommen
Arbeitsbogen 25 Verbesserungen
Auswertungsbogen für Gesprächsleiter und Klienten
Gesamtdatei aller Bögen: enthält alle Einweisungen, Arbeits- und Auswertungsbögen in einer Datei in der gleichen Reihenfolge wie im Buch.

Die Dateien liegen auf der CD-ROM im WORD und im PDF-Format vor.